怖い女

怪談、ホラー、都市伝説の女の神話学

沖田瑞穂
Mizuho Okita

原書房

怖い女——怪談、ホラー、都市伝説の女の神話学

はじめに

一般的に、女神と聞くと、美しく優しく温かく人々を育み見守る、「善き女神、母神」を想像するのではないだろうか。ギリシャの美と愛と豊饒の女神アプロディテは、ボッティチェリの「ヴィーナスの誕生」において、かくも優美に描かれた。しかし女神とはそのような優しい側面だけを持つのではない。「恐るべき」女神というのが世界中に存在している。それらの女神は人に死の運命を定め、人の命を奪い、そうすることによって自らが産み出した命を「回収」する。女神は、生を司ると同時に、死をも司る両面性を持っているのだ。

たとえばわが国の原初の女神イザナミは、「えをとめ」と呼ばれる美しく愛らしい姿をしていて、日本の国土と神々を産み出した、「母なる女神」である。しかし彼女は火の神を産んだときに陰部を焼かれて死んでしまい、冥界に降る。夫のイザナキが妻を連れ戻しに追いかけていくが、彼が冥界でイザナミの姿を見ると、その姿は蛆と雷がたかった、恐ろしいものに変わり果てていた。イザナキは恐れて逃げ、イザナミは追いかける。その果てに、イザナミは地上の人間全てを呪って死の運命を課した。

このように日本の神話において、生を司る美しい女神は、死を宣告する醜く恐ろしい女神となったのだ。

イザナミの系譜は現代にまで続いている。有名な都市伝説の「口裂け女」はイザナミの後継者だ。醜く恐ろしい姿で、子供たちを追いかけて、ナイフで切り付ける。この口裂け女の都市伝説は現代の文学にも継承されている。また、昔話のヤマンバはイザナミと口裂け女を一本の糸で繋いでいる。

本書では現代の文学作品や漫画作品なども多く取り上げた。それは、古代の恐るべき女神の原像が、綿々と現代にまでつながっていると考えているからだ。さらには現実にも怖い女は存在していて、二〇一七年に死刑判決が出た木嶋佳苗の事件などは記憶に新しい。

本書ではこのように、都市伝説やホラー、怪談といった現代の「怖い女たち」――そこには実在の女も含まれる――と、神話の恐るべき女神について考察を進めることで、古代から現代の「女」たちの恐るべき側面を、明らかにしていきたい。

ボッティチェリ『ヴィーナスの誕生』1484 - 1486 年、ウフィツィ美術館

第一章　口裂け女——追いかけ、呑みこむ女

私が受け持つ大学の神話の講義で、怪談や都市伝説がどのくらい知られているかを学生たちにたずねたことがある。抜群の知名度だったのは口裂け女だ。数百人規模の教室で「口裂け女を知っている人？」と問いかけると、ほぼ全員が手を挙げる。三か所ほどの大学で試したが、結果は同じであった。

口裂け女の流行が始まったのは、一九七九年と、彼らが生まれるよりはるかに前だ。話の内容を民俗学者の常光徹『学校の怪談——口承文芸の展開と諸相——』から確認してみよう。[1]

マスクをした若い女が、学校帰りの子供に「私、きれい？」と聞いてくる。「きれい」と答えると、「これでもきれい？」と言ってマスクを取った彼女の口は耳まで裂けていた。「ブス」と答えた場合は、刃物で殺される。

口が裂けた理由としては主に二つのパターンが流布していて、一つは、整形手術の失敗によ

1　ミネルヴァ書房、1993年、38—43頁を参照した。

るとするもの。もう一つは、熱いコーヒーを飲んで火傷を負い、手術に失敗したとするもの。いずれにせよ、マスクは醜い顔を隠すために着けている。問いかけからして、美醜に非常にこだわりがあることがうかがわれる。特徴としてはほかに、「走るのが速い」というのがある。一〇〇メートルを三秒で走るという。逃げる子供を追いかけるのにたいへん有利であろう。

口裂け女に切りつけられないためには、どうすればいいのか。およそ三つの対策がある。

・ポマード：三回「ポマード」と唱えると逃げる。その匂いを嫌っているため。
・べっこう飴を投げ与える：口裂け女の好物なので、それを食べている間に逃げる。
・にんにく、にんにくと唱える：（後述）

口裂け女の流行期には、子供たちが怖がって下校を嫌がる、塾へ通うのを嫌がる、などの社会問題が発生したという。べっこう飴をポケットにしのばせる子供もいたようだ。朝倉喬司の報告によると、岐阜県では口裂け女が出没したという通報を受けて、パトカーが出動する事例もあった。東京のある小学校では「口裂け女が出ているのでまっすぐ家に帰りましょう」と連絡簿に記入された。茨城では教師が生徒に「マスクをした人を見たら逃げなさい」と通知したりしたという。[2] それほどに、この噂は深刻な恐怖を伴うものであったのだ。
この口裂け女が日本神話の女神イザナミによく似ていると、古川のり子は以下のように指摘している。

イザナミのように醜い形相で追いかけてくる女の化物のイメージは、昔話では牛飼いの男や小僧を食おうと追いかける山姥の姿で現れる。また現代の子どもたちの噂のなかにも「口裂け女」として蘇ってきた。[3]

ここでは軽く触れられているのみであるが、「醜い形相」、「追いかけてくる女」という点で、まさに口裂け女はイザナミの系譜に属するといえそうだ。そこで以下に、この両者がどのように似ているか、詳しく見ていくことにしよう。

2 朝倉喬司「あの「口裂け女」の棲み家を岐阜山中に見た！」『うわさの本』（別冊宝島92）、1989年、140頁。
3 吉田敦彦・古川のり子共著『日本の神話伝説』青土社、1996年、61頁。なお、吉村直子が2014年の論文で詳しい分析を行っている。「口裂け女伝承の比較神話的考察」、篠田知和基編『神話・象徴・儀礼』楽瑯書院、2014年、103―169頁。

イザナミと口裂け女

まず、『古事記』のイザナミの神話を簡単に紹介しよう。

イザナミは、夫イザナキとともに日本の国土と神々を産み出した母なる美しい女神であった。しかし火の神カグツチを産んだために陰部を焼かれて死んでしまう。夫のイザナキが黄泉の国まで迎えにやって来るが、イザナミは醜く恐ろしい姿に変わり果てていた。驚き恐れたイザナキは逃げ、イザナミはヨモツシコメに追いかけさせる。ヨモツシコメが桃を投げられて退散すると、次には自分自身で追いかける。イザナキは黄泉の国とこの世の境・ヨモツヒラサカを大きな岩で塞ぐ。そこで夫婦は別離の言葉を交わす。イザナミは「私はあなた国の人間を一日に千人殺しましょう」と言って人間に死の運命を課す。イザナキは「それなら私は一日に千五百の産屋を建てよう」と、人間の増殖の運命を定めた。

つまりイザナミは、地上にいたときは美しい母なる女神であったが、死んで黄泉の国に行くと一転して醜い女神に変わり果てた。それを見たイザナキが恐れて逃げると、イザナミはまず自分自身の分身ともいえるヨモツシコメ（黄泉醜女）に追いかけさせ、次には自ら追いかけた。

「追いかける恐ろしい女」の原型であると言えるだろう。口裂け女もまた「追いかける恐ろしい女」に重なる。イザナミは夫イザナキを追いかけ、口裂け女は子供たちを追いかける。

イザナミはヨモツヒラサカで人間に死の運命を課した、死の女神でもある。この「死をもたらす女」であるという特徴も口裂け女を思わせる。口裂け女は、「きれい？」と尋ねて「きれいじゃない」と答えた子供を、包丁や鋏で切り殺すと言われており、やはり「死をもたらす女」なのである。

また、黄泉の国のイザナミは蛆が湧き雷が発生しているという、腐乱死体と化した醜い姿をしていた。口裂け女も文字通り口が裂けた恐ろしく醜い女で、両者は「醜い」という特徴が一致している。イザナキが黄泉の国のイザナミの姿を見て「恐れて逃げた」ことからは、醜さが恐怖と結びついていることがわかる。

口裂け女の醜さがマスクの下に隠されているのも、イザナミの死体が暗闇の中に隠されていたことに通じる。そしてそのマスクが外されたり、暗闇に光がさしたりして、醜い女が現れる点に、イザナミと口裂け女の「醜さによる恐怖」があるのだ。この醜さという要素については、第二章で詳しくみていくことにする。

口裂け女を振り切る道具である「べっこう飴」の話は、イザナミの黄泉の国における分身ともいえるヨモツシコメと似ているところがあると古川のり子は指摘する。[4] イザナミが黄泉の国で自分の姿を見た夫イザナキを、ヨモツシコメに追いかけさせると、イザナキは逃げながら身に着けていた櫛や髪飾りを後ろに投げる。するとそれらがブドウや筍に変わって、ヨモツシコメの追跡を阻んだというのだ。いわゆる「呪的逃走」モチーフである。口裂け女も好物のべっこう飴で足止めされ、その間に子供たちが逃げるということになっているので、同じモチーフを持つ。

本当は美しかった口裂け女

黄泉の国において恐ろしい女神と化したイザナミであるが、地上にいた時は、「えをとめ」と呼ばれる美しい女神で、イザナキとの間に日本の国土と、多くの神々を産み出した「母なる女神」であった。実は口裂け女も、一部の伝承によると「美しい女」であり、また「母」でもある。

口裂け女の話は、先に挙げた基本形態にさまざまな尾ひれがつき、地方や時期によっていくつかの変化が生じた。その中に、彼女はもともと美しい女であったとする話がある。それによ

4　松村一男、森雅子、沖田瑞穂編『世界女神大事典』原書房、２０１５年、「ヨモツシコメ」（日本）。

ると、口裂け女は二人姉妹の姉で大変美しかった。比べられる妹はいつも落ち込んでいたので、妹をかわいそうに思った母が、鋏で姉の口を耳元まで切ってしまったというのだ。

また、あるヴァリエーションで、口裂け女はもともと塾帰りの子供を待つ「教育ママ」だったという説がある。ここには口裂け女の「母」としての側面を見ることができる。子供に勉強を強制してそれをまるで見張るかのように待つ、恐ろしい母なのだ。

口裂け女の第一次ブームは一九七九年とその翌年であるが、それ以降も何度か流行ったようである。九〇年代後半生まれの学生たちが幼かった頃にも、子供たちの間で噂は広がった。その普及のあり方に、この都市伝説の普遍的「神話性」が見て取れるともいえるだろう。

三津田信三『どこの家にも怖いものはいる』

このような口裂け女伝承を現代の文学において継承するのが、三津田信三『どこの家にも怖いものはいる』[5]である。

本作品の始まり方は、いわゆる「実話風」で、作者自身の体験に基づくと見せている。これは同作者の『のぞきめ』でもとられている手法だ。『のぞきめ』と本作品との類似は作中でも

5　中央公論新社、2014年。

独白の形で指摘されているので、意図的に行ったのだろう。その構成は、一見ばらばらの時代と場所に同じものとしか思えない怪異が現れるが、最後にすべての怪異は一つの源に由来し、それが起こった場所も同じだったことが明らかにされるというものだ。

『どこの家にも怖いものはいる』では五つの異なる話が順に語られ、その奇妙な類似が次第に像を結んでいく。

①新居の家の怪。パラパラ、じゃっ、じゃっ、と音がする。三歳の娘・夏奈が壁の絵の柵に向かって話をしている。相手は「キヨちゃん」。男の子の友達が夏奈の部屋で遊んでいてそのまま姿を消した。柵の向こうに連れて行かれたのだという。

②昭和一〇年頃の話。森で鬼ごっこをしていて一人ぼっちになってしまった少年が、日が暮れたので帰ろうとすると、女の人に会う。少年は怖くなって逃げる。この女が「割れ女」とよばれる恐ろしい女で、美しい顔をしているが、額に縦方向のいびつな割れ目がある。女が追いかけて来る。少年は近くの無人の屋敷に入り込み、柳行李の中に隠れる。女は歌いながら近づいてくる。「摑んだのが格子なら、そりゃもうお終い。」少年が柳行李の中で握っていた着物は、格子模様であった。結局少年は割れ女に捕まり、死んだものと思われる。

③男子学生が入居したアパートの怪。妙な音がする。パチパチ、コン、カン。ある日アパートの屋上で雨の中踊る老女を見る。その直後にアパートに救急車が来る。その老婆は隣の部屋にも現れ、入り込んできた学生を猛烈な勢いで追いかけてきた。

④一二歳の少女の語り。「こうし様」をあがめる宗教のようなものを立ち上げた母。距離を置いていた少女が、「こうし様」の本部となっている母の従姉妹の家、「光子の家」を訪れる。家に人気はない。少女が疲れてベッドに横になっている時に、何者かが妙な音を立てながらやって来る。それは、眠っているふりをしている少女の目を指でこじ開ける。少女が見たのは、女のパックリ割れた額と、その中にある目玉。そのあと少女は宗教儀式が行われた部屋に行くが、そこでは家族や親せきが壁に頭部を突っ込んで死んでいた。

⑤明治末期から昭和初期の話。女の子がいて、予言めいた独り言を発し、それが気味の悪いほど当たる。世智《よち》と名づけられたこの女の子は、ある時男の子に石を投げられ、額にあたり、縦長の傷ができた。世智の不気味な言葉は予言ではなく呪いであることが次第に分かってくる。世智は座敷牢に入れられ、二十数年、そこに居た。座敷牢には格子がある。世智はそこから出

ることができない。また鎖でつながれているので、世智が動くと鎖が音を立てる。

最初の四つの怪異の特徴は、「パラパラ、ジャラジャラ」などの奇妙な音と、柵や格子と関係がある女の幽霊の出現であるが、それらが全て、五つ目の話の世智にあるという結末である。世智が「割れ女」となって呪いをその地に残したのだ。

この「割れ女」の姿と特徴が、「口裂け女」のそれときわめてよく似ている。子供を追いかける。割れ目が顔にある。口裂け女は文字通り口が裂けているのであり、「割れ女」は額に大きな割れ目がある。

また、割れ女は常に「格子」の向こう側にいて、格子の外に出てくることができないという特徴は、イザナミが現世と黄泉の国の境・ヨモツヒラサカを越えられないことを想起させ、死の女神に通じる。

ではなぜ割れ女の額は割れているのか?

裂けた口の意味

大学の授業で、神話上の動物などの図版を学生に見せた際、その中にユニコーンがあり、「あのユニコーンの額に生えている一本の角は、男性の生殖器の象徴です」と解説した。東海大学名誉教授・定方晟が「「貴婦人と一角獣」とインド」でそのことを示唆しているが、筆者もあの角は明らかに男性器だと思う。[6]

同教授は天狗の鼻も同じ意味を持つという。その話をすると、学生から、女性器を顔にもつ神話的存在はあるのか？　という質問があった。大変鋭い質問であったが、その時は答えを思いつかなかった。しかし今なら答えることができる。現代の神話とも言える都市伝説において、まさに「口裂け女」が顔に性器を持っていて、現代文学においては「割れ女」が同じ意味を持つのであると。

口裂け女の噂が流行していた一九七九年に、小松和彦は口裂け女の口の意味について、すでに以下のように論じていた。

> ところで、この裂けた〝口〟とはなんなのであろうか。深層心理学的にいえば、この口はものを食べる上の口だけではなく、愛を食べる下の口つまり女陰を表わしている。すなわち、女性の〈自然的〉側面が、いわゆる「歯を持ったヴァギナ」として象徴的に語られているのである。言いかえれば、「口裂け女」とは女性器のお化けであり、それに追跡

6　『東方』第29号、2014年、67―81頁。

されるということによって肉体的・心理的の双方にわたって恐怖が倍加されるわけである。[7]

このように口裂け女の口を女性器とする小松の見解を踏まえて、マイケル・フォスターは、さらに「マスク」に着目した、次のような見解を提示している。

〈耳元まで裂けた口〉は深層心理学的に考察しなくても、性的な意味が深く含まれていることは明らかである。これは〈女性である〉こととも重なっているが、様々な調査によると、裂けた口以外、口裂け女はきれいな女性として描かれており、二、三十代の女の人が持つ性的な魅力が示唆されている。しかし、マスクを外す行動によって、この性的な魅力が、突然恐ろしいものとなる。というのは、〝上の口〟イコール〝下の口〟として考えられるため、清潔な白いガーゼが隠しているものは、下着に隠された女性器の象徴にもなるからだ。しかも、それは裂けた、脅迫的な存在である。当時ある男子大学生が「口裂け女の口とは性器的。それもばかでかすぎて、あくどいし、けがらわしいから触れられたくな

7　『出版案内』１９７９年９月号、10月号、11月号。『鬼の玉手箱―民俗社会との交感』青玄社、１９８６年、２３７―２３８頁。

いんですよ」と言っているが、口裂け女の口には性的行動に関する両義性、要するに欲望と恐怖とが両方含まれているのである。[8]

つまり口裂け女の白いマスクは下着で、それを外すことで口＝性器があらわになる、ということだ。口裂け女が「女」でなければならない理由が、この指摘によってよりはっきりとするように思われる。女の「呑みこむ性器」がマスクに隠されている、そしてそれが外される。その時に恐怖が生まれるのだ。

呑みこむ女　ヤマンバ、変婆、バーバ・ヤガー

口裂け女の口は明らかに性器であるのだが、同じような「頭部の割れ目」に関して、よく知られた日本の昔話に「食わず女房」というものがある。その正体は蛇とされるが、突き詰めれば山の妖怪・ヤマンバである。この昔話は、たとえば宮城県では、以下のような内容で伝わっている。

8　「「私、きれい？」――女性週刊誌に見られる「口裂け女」――」『日本妖怪学大全』小学館、2003年、640頁。

昔ある村に、人にもらうことが好きで、人には何もくれたくない欲深い男がいた。年頃になっても、女房に食わせるのが惜しくて、嫁をとらなかった。ところが隣のお婆さんが、「この娘は絶対に何も食わないから、器量よしだし」と言ってすすめるので、「それならもらってもいい」ということになり、その娘を嫁にもらった。

そのお嫁さん、自分は少しも食べず、夫の食べるものを賄い、お給仕もする。しかし欲深い男は不思議でならず、ある時蔵の中を調べると、米俵がたくさん減っている。嫁は何も食わないのに不思議だと思い、ある日仕事に行くふりをして、家の陰から覗いて見た。

すると、何も食わない女房が、蔵の中から米一俵担ぎ出して、大きな釜で御飯に炊いて、それを全部おにぎりにして、髪の毛をほどくと、頭の上の口に、そのおにぎりを放り込んでしまって、また髪の毛をもとにもどして、もとの奥さんになった。

男は仕事から帰ったふりをして、風呂に入った。ところが鬼に変わった嫁が、風呂を担いで山奥に入っていく。男は何とか逃げ出し、地蔵の後ろに隠れた。蛇に変わった嫁が追いかけて来たが、地蔵があるので男を飲み込めない。蛇は残念がって逃げて行った。

地蔵は男に、あの魔物はまたやって来るから、菖蒲とよもぎを門にさしておけ、と教えてやった。それで今でも五月の節句で菖蒲とよもぎを門に刺す。[9]

9　稲田浩二編『日本の昔話』（上）ちくま学芸文庫、1999年、369―371頁を参照した。

この話の女の化物は、ものを食べないと言いつつ、実は夫の不在に頭の上の口から大量のおにぎりを食べつくしてしまう。正体は蛇とされているが、頭に大きな口があるという特徴は、ヤマンバと同じである。なお、話の最後で、食わず女房を追い払うために菖蒲とよもぎが用いられるが、このことは、口裂け女を追い払うまじないの文句、「にんにく、にんにく」を想起させる。菖蒲、よもぎ、にんにくは、どれも強い香りあるいは臭いを特徴とするが、特に口裂け女対策のにんにくは、ヨーロッパのフィクションや民間信仰で用いられる、吸血鬼を退散させるための、あのにんにくと同じ役割であろう。

吸血鬼とは、もとはヨーロッパの民間信仰における蘇った死体で、物凄い臭気を放っているとされる。要するににんにくの強烈な臭気が、蘇った死者のやはり強烈な臭気を退けると考えられ、それによって魔除けの効果があるものとされたのだ。[10] そうすると、口裂け女もまた冥界から――そこはイザナミの領域であるのだが――やって来たのかもしれない。

食わず女房の正体はヤマンバであるということだが、次に紹介する「ウル姫子とヤマンバ」という昔話でも、ヤマンバは優しいウル姫子に握り飯をたくさん作らせて、頭の口にポイポイ放り込んで食べつくしている。

10　ポール・バーバー著、野村美紀子訳『ヴァンパイアと屍体　死と埋葬のフォークロア』工作舎、1991年、135頁。

ウル姫子という娘はいつも一人で留守番をしながら家でせっせと機織をしていた。するとある日そこに、山から山姥が下りてきて、「飯を食わせろ」と言って、大釜にいっぱい飯を炊かせ、それをすっかり握り飯にさせて、戸板の上に並べさせた。山姥はそれから、その戸板の前に座って、髪の毛をほどいた。すると頭のてっぺんに、大きく開いた口が出てきた。その口の中にお手玉のように握り飯を投げ込んで、たちまち食べつくしてしまって、山に帰って行った。

翌日もまた山姥は、ウル姫子が一人で機織をしている所に山から下りてやって来て、今度は「裏に生えている李の木の実を食わせろ」と言った。ウル姫子が「どうぞいくらでも食べてください」と言うと、山姥は木に登り、たわわに実っていた李の実を、あっという間に残らず食べつくしてしまった。

三日目にもまた山姥はやって来て、ウル姫子が機織に使っている糸を見て、「その美しい糸が食いたくなったからよこせ」と言った。ウル姫子は正直に言うことを聞いて、黒、白、赤、青、黄の五色の糸を、すっかり積み上げてやった。すると山姥はまた、頭のてっぺんの大きな口をむき出しにして、その中に糸をずるずると入れて、あっという間に食べつくしてしまった。

山姥はそれから、ウル姫子にこう言った。「明日の朝、この窓の下に来て、見てみろ。そしたら何かが見つかるから、それを大切にしろ」。そして「あばえ」と言って山に帰って行った。

次の朝、窓の下を見ると、筵の上に山のような大便がしてあった。それを川で洗ってみると、大便が溶けた中から、五色の輝くばかりの錦が出てきて、ウル姫子の家はこの時から錦の長者と呼ばれ、たいそう富み栄えたという。[11]

この話でヤマンバは、頭に大きな口があり、そこに握り飯や李の実、糸までも放り込んで食べつくしてしまう。食わず女房とそっくりな行動をするので、食わず女房も、正体はヤマンバと考えてよいだろう。

ところでヤマンバは最後に錦の織物を大便として排泄したわけだが、その直前に大量の五色の糸を食べている。つまり、頭の口で糸を食べ、それを体の中で織物にして、排出した。このことから、ヤマンバはどうやら、機織りと関連の深い妖怪であることがわかる。本書の第一章で取り上げるが、機織りは、しばしば「怖い女」の「怖い手仕事」として、世界の神話に現れるものである。

ヤマンバ＝「食わず女房」の頭部にある大きな口は、口裂け女の裂けた口と重なって見える。その口でヤマンバは夫を呑みこもうとし、口裂け女は子供たちを呑みこもうとしているわけだ。大きな口を頭部に持ち、そこから生命を「呑みこむ」という神話的表現が一致していると言える。

11　吉田敦彦『日本人の女神信仰』青土社、1995年、124―126頁を参照した。

また、「食わず女房」ではヤマンバは最後に夫を食べようとして逃げる夫を追いかける。これは逃げる夫イザナキを追いかけるイザナミとそっくりであるし、逃げる子供たちを追いかける口裂け女にも連なる要素である。口裂け女と食わず女房、ヤマンバはいずれも、呑みこむ口を頭部に持ち、逃げる男や子供を追いかける恐ろしい女、という点できわめてよく似ている。

ヤマンバのような恐ろしい女の妖怪は、日本だけに見られるものではない。中国にもそっくりな妖怪がいて、「変婆《ピエンポ》」と呼ばれている。変婆の話では、ある姉妹が祖母の家と間違えて変婆の家に行った。夜中に変婆は妹を食べてしまった。姉は変婆の正体に気づき、トイレに行くと言って、トイレから逃げ出した。トイレが変婆の住む「異界」と人間の住む「現世」との境になっている。このあたりはわが国の昔話「三枚のお札」や都市伝説の「トイレの花子さん」に通じる。

しばらくして変婆は逃げられたことに気づき、追いかける。姉は追いつかれ、家に連れ戻されたが、しらみを取ってやると言って変婆の長い髪を木の枝に縛り付けて、また逃げ出した。この描写は『古事記』でオホクニヌシがスサノヲの髪を垂木に結び付けて逃げたことを想起させる。

それから姉は母のところにたどり着き、母娘は追いかけてきた変婆を熱湯の風呂に入れて妹の復讐を果たした。[12]

このように変婆は、頭の口こそないものの、家にやってきた姉妹の妹を食べてしまう。さらに逃げる姉を何度もしつこく追いかけてくる。「追いかけ、呑みこむ恐ろしい女の妖怪」だ。日本の様々な昔話や神話を混ぜたような話になっているのは、そう遠くない時代に日本から中国へ話型が渡ったためであろう。ともかくここで重要なのは、このような恐るべき女の妖怪が世界的に増殖しているという事実である。

ロシアにもヤマンバや変婆に似た存在がある。文字通り「鬼婆」の名称を持つ、バーバ・ヤガーである。バーバ・ヤガーは森の魔女で、鶏の脚の上にある丸太小屋に住んでいる。垣根は人の骨でできており、垣根の上には両目のついたされこうべが載っている。夜にはその両目が光って辺りを照らす。門の柱は人間の脚、かんぬきは人間の両手、錠はとがった歯のある口。かまどでは攫ってきた子供を焼いて食べ、迷い込んできた人間はことごとく食べようとする。臼に乗って杵で漕いで箒で跡を消しながら疾走して主人公を追いかけてくるとも言われる。[13]

12　立石展大『日中民間説話の比較研究』汲古書院、2013年、238―241頁を参照した。
13　『世界女神大事典』「バーバ・ヤガー」（スラヴ）、及び吉村「口裂け女伝承の比較神話的考察」、119―120頁を参照した。

バーバ・ヤガーの場合は、子供だけでなく、やって来た人間全てを食べてしまう。また、臼に乗って疾走して追いかけてくるということになっている。やはり、「追いかけ、呑みこむ」女の妖怪であるのだ。

呑みこむと言えば、呑みこむ動物の代表格は蛇であろう。食わず女房の正体が蛇とされていることは、決して偶然ではない。蛇はまさに獲物を呑みこむ。顎が外れるので一八〇度まで口を開けることができ、相当大きな獲物でも呑みこめるのである。蛇は太古から女神の顕れとされており、新石器時代の遺物からは蛇を体にまきつけた「蛇女神」の存在が確認される。元始、蛇は女神であったのだ。すなわち、

蛇女神→イザナミ→ヤマンバ（＝食わず女房）／変婆／バーバ・ヤガー→口裂け女→割れ女

という、呑みこむ恐ろしい女の系譜ができあがるのである。

本章では、「口裂け女」を出発点として、それと類似する様々な媒体の「怖い女」についてみてきた。明らかになったのは、「口裂け女」はある特定の時期にのみ流行った一時的な現象などでは決してなく、何度も再生産されているということだ。その源泉は神話のイザナミに、

ひいては先史時代の女神にも遡る。その延長線上には現代文学の怖い女がある。昔話に目を向けると、日本ではヤマンバが、中国では変婆が、ロシアではバーバ・ヤガーがいる。「追いかけ、呑みこむ怖い女」の系譜はかくも深く、広い。

第二章　醜さの怪異――イハナガヒメの娘たち

口裂け女は「わたし、きれい？」と問いかける。そして「きれい」と答えた子供には、マスクを外し、耳まで裂けた口を見せて「これでもか」と問い詰める。一体彼女は「きれい」と言われたいのか、「醜い」と言われたいのか、よくわからない。ただ美醜に非常にこだわりがあることだけは確かである。

口裂け女だけではなく、怪談には醜い女が多く現れる。たとえば近世三大幽霊と呼ばれる岩、累、菊のうちの二人、岩と累は醜い幽霊である。現代の都市伝説や、文学においても醜い怪異がしばしば現れる。

なぜ怪談に醜い女が多く現れるのか。怪談における醜さとは、一体何なのであろうか。どのような意味を持つのであろうか。本章ではこのような問題について考えてみたい。

都市伝説　ひきこさん

醜さを特徴とする怪異が登場する、「ひきこさん」という都市伝説がある。

怪異となる以前のひきこさんは、森妃《ひきこ》姫子という名の美しい少女で、背が高く快活であった。そのため先生にえこひいきされ、それが原因でひどいいじめにあっていた。ある時いじめグループは彼女の手足を縛り、「ひいきのひきこ、ひっぱってやるよ！」と言って彼女を引きずって学校を一周した。そのため彼女の顔にはひどい傷がつき、それが原因で目は吊り上り、口は耳まで裂けた。それ以来彼女は不登校になった。醜い顔を見られるのを極度に嫌うため、傘で視界が悪くなる雨の日以外は家の中に引きこもっている。雨の日には近隣の小学校近辺にボロボロの白い服を着て出没し、小学生を、かつて自分がそうされたように、引きずりまわすようになった。肉塊になるまで引きずり、どこかに持って行って放置する、あるいは自宅に集めているともいう。裂けた口、子供を襲うという特徴は、口裂け女に近いものを感じさせる。

ひきこさんの姿が見えるのは小学生だけだという。小学生を見つけると、彼女は「私の顔は醜いか！」と叫びながら追いかけてくる。まっすぐ走れず、カニのように横向きに走るのだが、異様に速いのだという。このように恐ろしい妖怪であるが、自身がいじめられっ子だったため、同じ境遇の子供は襲わないとされる。「ひきこさん」という名称は「ひきこもり」と関連があるともいう。また、醜い顔をしているため鏡を嫌い、出会ったら鏡を見せれば退散するという。自分の顔を見るのが嫌なのだ。このような「弱点」があるという特徴は、口裂け女に「ポマード」や「べっこう飴」といった弱点があったことに繋がる。また、ひきこさんに「私の顔は醜いか」と尋ねられた場合は、「引っ張るぞ！　引っ張るぞ！」と言うと退散するという。自身が引きずり回されたことがトラウマになっているのだ。[1]

口裂け女が「わたし、きれい？」と問うのに対し、ひきこさんは「私の顔は醜いか」と問うが、どちらにしても美醜を非常に気にかけていることが窺われる。また、どちらももとは美しい女であったが、なんらかの事件が起こり、醜い女となったという点も似ている。この美から醜への変質が、彼女たちの美醜への執着の原因とも考えられる。

子供の亡骸を自宅に集めているという特徴は、子供の命を「回収し」＝「殺し」、その上で自らの内に取り込んでしまう、「呑みこむ母」に近いものがある。

ひきこさんはこのように、醜い姿をして子供たちを死に至らしめる怪異であるが、同様の醜い、死をもたらす女は、現代の漫画にも登場する。

1　並木伸一郎『最強の都市伝説』経済界、２００７年、１４２―１４５頁を参照した。

押切蓮介「成長する小窓」

「成長する小窓」[2]は主人公が四歳のときに見た「窓」から話が始まる。白い壁に小さな窓、小さなカーテンが備わっている。そこから大きな目が覗いている。主人公はまだ幼かったため、怖くも思わず気にも留めなかった。それから年に二〜三度のペースで小窓が出現するようになる。リビングやトイレなど、場所に関係なく現れた。家族に言っても「そんなもの見えない」と言われるが、害はないと思っていた。

小学校高学年になるころ、窓が大きくなっていることに気づいた。目だけが覗いていた窓は、鼻と前髪が見えるくらいに変化していた。そこで初めて、「中の人」が女性だと分かった。絵では、この女は顔をしかめた醜い姿として描かれている。中学三年生の時、顔全体が見えるまでになっていた。そして少年は、今まで勇気が出なくてできなかった行為――「触る」という行為を実行に移そうとした。その瞬間、女の口が裂けた。これがきっかけとなり、今まで抑え込んでいた疑問や恐怖が一気に膨れ上がった。女の存在が、よくないものなのではないかと思うようになった。成人を迎える頃には窓の大きさが女の腰あたりまで成長し、髪がなびきはじめる。それから数年後、女の全身があらわになった頃、筋委縮性側索硬化症という重病にかかった。

2　『幽』13、メディアファクトリー、2010年、235―240頁。

最後の絵で、女が窓から抜け出そうとする様子が描かれている。はじめは小さかった窓がだんだんと大きくなり、ついに女の姿が見えた時、主人公の病が明らかになった。つまり、醜い女の怪異が、少年の重病と関連づけられている。この女も、少年が触った時に「口が裂けた」と表現されている。口裂け女と同様の、生命を呑みこむ口なのである。

お岩さんとイハナガヒメの対応

日本で最も有名な幽霊であるお岩さんもまた、元の姿から醜く変化したという点で知られている。髪は抜け落ち、片目の腫れあがった醜いお岩の幽霊が登場する『東海道四谷怪談』は、歌舞伎脚本作者・四世鶴屋南北（一七五五―一八二九）晩年の作品で、文政八（一八二五）年七月、江戸中村座において初演された。はじめは『仮名手本忠臣蔵』の中に組み込む形で上演され、『四谷怪談』の最終幕のあとに、『忠臣蔵』の第一一段目・討ち入りの場面が演じられて完結した。のちに『四谷怪談』の部分は切り離され、人気の演目として現代でも繰り返し上演されている。以下に、『東海道四谷怪談』から、お岩の話を紹介しよう。

伊右衛門は別居中の妻・お岩の父、四谷左門を殺害し、薬売りの直助と謀り、全くの他人を

歌舞伎『東海道四谷怪談』で演じられたお岩
（宇田川国貞、1861 年）

仇に仕立て、お岩に敵討ちを約束する。伊右衛門とお岩、直助とお岩の妹お袖は、江戸で別々に暮らす。伊右衛門とお岩は一子を儲けたが、お岩は産後の肥立ちが悪い。

貧しい暮らしの中、伊右衛門はお岩から心が離れ、伊藤喜兵衛の孫お梅と結婚するため、病に伏すお岩に薬と偽り毒薬を渡し、按摩の宅悦と不義密通を働かせてそれを口実に離縁する計画を練る。お岩はその毒薬を飲み、顔の片方が醜くただれる。宅悦はおびえて伊右衛門の計画を暴露した。お岩は苦しみながら自害する。

その夜、伊右衛門とお梅は祝言をあげるが、初夜の床でお岩の幽霊を見て錯乱した伊右衛門は、お梅と伊藤家の人間を次々と殺す。殺人者として追われる身となった伊右衛門の前に、お岩の死体が現れ、両目を見開いて伊右衛門をにらみつけ、「民谷の血筋、伊藤喜兵衛が根葉を枯らしてこの恨み」と言う。お岩の恨みは伊右衛門を祟り殺す。[3]

お岩は、彼女との離縁を望む夫に謀られて毒薬を飲まされ、顔がただれて醜くなった。そのことを恨みながら自殺し、死後も醜い顔で夫の前に現れ、祟り殺す。まさに「醜い霊」の代表格なのだ。

このようなお岩の恨みは、日本神話のイザナミやイハナガヒメに遡ることが、古川のり子によって指摘されている。まず、イザナミとの類似について、古川は以下のように述べる。

「根葉を枯らして」とあるように、お岩は直接の仇である夫や喜兵衛だけでなく、彼女の死に関わったすべての人々と、その血を同じくする一族・子孫にまで死を宣告した。ここには、真っ先に死霊に喰い殺された彼女自身の息子も含まれている。このことは、イザナミが「吾は当に汝が治す国民、日に千頭縊り殺さむ」と宣言して、彼女の子孫でもある地上のすべての人間たちに死の運命をもたらしたことを彷彿とさせる。お岩もイザナミもどちらも裏切った夫を恨みつつ、子を産む美女から、子孫に死の運命をもたらす醜女へと変

3　鶴屋南北作、河北繁俊校訂『東海道四谷怪談』岩波文庫、1956年、及び諏訪春雄『日本の幽霊』岩波新書、1988年、193―195頁、及び、古川のり子「不死をめぐる神話――『東海道四谷怪談』」、松村一男編『生と死の神話』宗教史学論叢9、リトン、2004年、10―17頁を参照した。

貌を遂げたのである。[4]

お岩はもともと、自身が美男子である伊右衛門が惚れ込んでいた美しい女であり、伊右衛門との間に一子を儲けた「産む女」でもある。その点で地上において多くの子の神を産んだ美しいイザナミに対応する。次に、毒薬によって醜くなり、死後も醜い姿で現れるが、イザナミもまた、黄泉の国では腐乱死体と化した醜い姿をしていた。どちらも、美から醜へ、生から死へ、劇的に変化する。そしてその醜い姿になった彼女たちはどちらも、「死をもたらす女」となる。

さらに古川は、お岩とイハナガヒメとの類似について言及する。イハナガヒメの神話というのは、『古事記』では以下のようなものである。

イハナガヒメとコノハナサクヤビメ（『古事記』）

天孫ホノニニギは、笠沙の岬で美しい乙女を見初めた。その娘は山の神オホヤマツミの娘で、名をコノハナサクヤビメといい、姉妹にイハナガヒメがいた。ホノニニギがオホヤマツミのもとへ行ってコノハナサクヤビメとの結婚を申し入れると、オホヤマツミは大変喜び、姉のイハナガヒメも副えて、多くの品物と一緒に娘を差し出した。しかしその姉は容姿がひどく醜かっ

4　古川、前掲論文、17頁。

たためにホノニニギは恐れをなして、親のもとへ送り返してしまい、妹のコノハナサクヤビメだけを側に留めて一夜を共にした。

オホヤマツミは、ホノニニギがイハナガヒメを送り返したことを深く恥じて、次のように言ってホノニニギとその子孫を呪った。「私が二人の娘を並べて差し上げたのは、イハナガヒメを娶ることで天つ神の御子の命が岩のように不変であるように、またコノハナサクヤビメを娶ることで、木の花が咲き栄えるように繁栄するようにと、祈願して差し上げたのに、イハナガヒメを返してコノハナサクヤビメだけを留めたから、この先天つ神の御子の命は、木の花のようにはかないものになるだろう」。このようなわけで、今に至るまで、代々の天皇の寿命が短くなったのである。

この神話によると、山の神に二人の娘があり、姉は岩のような醜女、妹は花のような美女であった。天孫ホノニニギはこの二人を妻として差し出されたが、姉娘の方はあまりの醜さに「恐れをなして」送り返した。

このために、『古事記』では親の山の神が天皇家を呪い、その寿命を短くしたという。一方『日本書紀』では、同じ話の最後の部分で、イハナガヒメ自身が、天皇家と、それだけでなく人間全般を呪って寿命を短くしたことになっている（第九段一書第二）。つまり一種の人類の死の起源譚となっている。

日本神話は二度にわたって人間の死の起源を説明している。一度目はイザナミの呪い、二度目はイハナガヒメの呪いだ。どちらも、醜い女神である。

古川は、このようなイハナガヒメとコノハナサクヤビメの神話が、『東海道四谷怪談』では、お岩とお梅との対立によって再現されていることを、次のように論じている。


イハナガヒメとコノハナノサクヤビメの神話では、死の起源が「石」対「花」、「醜」対「美」の対立によって語られていた。このような対立は、『四谷怪談』の中にも明らかに認めることができる。それは「お岩」と、伊藤家の娘「お梅」との対立である。伊右衛門は「相貌の崩れた醜い石＝お岩」と「美しい花＝お梅」との間の選択において、石を捨て花を選んだ。その結果お岩の祟りによって、「民谷の血筋、伊藤喜兵衛が根葉」に至るまでのすべての人々に死の運命がもたらされる。このことは、醜いイハナガヒメがホノニニギに対して「其の生むらむ児は、必ず木の花の如に、移落ちなむ」(書記九の2)と言って、ホノニニギの代々の子孫に至るまで死の運命を宣告したこととときわめてよく似ている。また伊右衛門とお梅の祝言の日の床の中で、お梅の顔がお岩に変化したこと、またお岩の幽霊が常にお梅の守り袋を持っていることも、この二人がじつは切り離しがたく結びついた姉妹のような、一対の存在であることを表している。[5]

このように古川によって、お岩の怖さが、神話のイザナミとイハナガヒメによる二重の死の起源譚にまで遡ることが指摘された。さらにお岩と神話との類似は、イハナガヒメ（岩）とコノハナサクヤビメ（花）、お岩（岩）とお梅（花）のように、岩と花の対立という点にも表れていることが明らかにされた。それを踏まえて、現代におけるお岩の後継者について考えていきたい。例えば、現代の沖縄の話に、お岩の話とたいへんよく似ているものがある。「真嘉比《まかん》道《みち》の逆立ち幽霊」という話だ。

昔、仲の良い夫婦がいた。夫は病気がちでいつも寝込んでおり、美しく気立てのよい妻が献身的に看病していた。夫は妻が病身の自分を捨ててほかの男のもとへ行くのではないかと心配していた。妻は、自分はそのような女ではないことを分かってもらうため、自ら鼻をそぎ落とし、醜い姿となって、夫に仕えた。看病の甲斐あって、夫はすっかり元気になったが、そうなると醜い妻が疎ましく、他の美しい女のもとに走った。妻は嫉妬のあまり病気になって死んだ。その後、妻は幽霊となって夫のもとに現れるようになったので、夫は妻の棺桶を開けて、両足を釘で棺桶に打ち付けた。両足の自由を奪われた妻は、今度は逆さまになって現れるようにな

5　古川、前掲論文、19—20頁。

った。夫は家じゅうにお札をはってしのいでいた。幽霊は夜な夜な真嘉比道に現れて人々を恐れさせたが、通りかかった武士が幽霊から夫のひどい仕打ちを聞き、夫の家にあるお札を全てはがした。幽霊は夫を呪い殺して成仏したという。[6]

この怪談の妻も、もともと美しい女であった。しかし病身の夫のために自ら鼻をそぎ落とし、醜い姿となる。回復した夫は醜い妻を疎んじてほかの女のもとに走る。そのために病気になって死んだ妻は、醜い姿の霊となって夫を悩ませる。美から醜へと劇的に変身し、そのあと霊となって夫を祟り殺す点が、お岩とそっくりで、夫の方も、醜い妻から美しい女へ心移りしている点が伊右衛門と同じだ。それだけではない。妻の霊は、両足を棺桶に釘で打ち付けられた。これは、お岩の死体が戸板に釘で打ち付けられたことに対応する。そしてどちらもその釘で打ち付けられた姿で夫の前に現れる。真嘉比道の逆立ち幽霊の怪談は、お岩の怪談を確実に引き継いでいる。

この話が、不動産会社のホームページに載っているのが面白い。しかも最後に、「今は成仏して幽霊は出ませんので、ご安心下さい」と断っているところが、かえって怪談のなまなましさを伝えているように思われる。[7]

6 http://www.syuri-housu-center.com/ 首里周辺穴場スポット / 真嘉比道 - まかんみち - の逆立ち幽霊　を参照。
7 http://www.syuri-housu-center.com/ 首里周辺穴場スポット / 真嘉比道 - まかんみち - の逆立ち幽霊

バナナ型　死の起源神話

ところでイハナガヒメとコノハナサクヤビメの話は、神話学で「バナナ型」というユニークな名称をつけられた死の起源神話に分類されており、同型の話はインドネシアを中心に分布している。そこでは石とバナナが人間のあり方について争い、バナナが勝利したので、人間はバナナのような姿――左右対称の姿――を持ち、そして死ななければならなくなったという。次に挙げるのは、インドネシアのモルッカ諸島セラム島のウェマーレ族に伝わる話である。

大昔、バナナの木と石が、人間がどのようであるべきかについて激しい言い争いをした。石は言った。「人間は石と同じ外見を持ち、石のように堅くなければならない。人間はただ右半分だけを持ち、手も足も目も耳も一つだけでよい。そして不死であるべきだ」。するとバナナはこう言い返した。「人間はバナナのように、手も足も目も耳も二つずつ持ち、バナナのように子を生まなければならない」。言い争いが高じて、怒った石がバナナの木に飛びかかって打ち砕いた。しかし次の日には、そのバナナの木の子どもたちが同じ場所に生えていて、その中の一番上の子どもが、石と同じ論争をした。

このようなことが何度か繰返されて、ある時新しいバナナの木の一番上の子どもが、断崖の縁に生えて、石に向かって「この争いは、どちらかが勝つまで終わらないぞ」と叫んだ。怒った石はバナナに飛び掛ったが狙いを外して、深い谷底へ落ちてしまった。バナナたちは大喜びで、「そこからは飛び上がれないだろう。われわれの勝ちだ」と言った。すると石は、「いいだろう。人間はバナナのようになるといい。しかし、その代わりに、バナナのように死ななければならないぞ」と言った。[8]

つまりこの神話では、石は不老不死を表し、バナナは死ななければならない運命と、そのかわりに子孫を儲けることができる運命を表している。そして両者のけんかの結果、バナナが勝ったので、人間はバナナの運命——個体としては死なねばならないが、子孫を残し、種として繁栄することができる——が決定された。

この神話において、石は「右半分だけを持ち、手も足も目も耳も一つだけ」という、きわめて極端な「不均等」を表している。そしてその石が、人間に「死の運命」を宣告した。「死の運命の宣告」と「石」の組み合わせといえば、イハナガヒメである。人間の寿命を短くした、醜い女神だ。（表1）

8　大林太良、伊藤清司、吉田敦彦、松村一男編『世界神話事典』角川選書、2005年、114―115頁を参照した。

（表1）

	死の宣告	生
インドネシア神話	石（不均等）	バナナ（均等）
日本神話（1）	黄泉のイザナミ（醜）	地上のイザナミ（美）
日本神話（2）	イハナガヒメ（醜・岩）	コノハナサクヤビメ（美・花）
四谷怪談	お岩（醜・岩）	お梅（美・花）

このように見てくると、現代の醜い女の怪異たちは、神話において「石」や「醜いイザナミ」や「イハナガヒメ」が果たした「死の運命の宣告」という役割を引き継ぎ、人間をあの世へと橋渡しする役割を果たしていると言えるだろう。

第三章　不均等の力——石の末裔たち

お岩と並んで有名な近世の醜い幽霊に、累がいる。この累がどのように醜いのか、その描写があることが重要である。

一六九〇年の『死霊解脱物語聞書』に、累説話の詳細が描かれている。累は彼女の醜さを疎んじた夫の与右衛門に絹川（鬼怒川）に突き落とされて殺された。累の霊は与右衛門の娘・菊に取り憑き、怨念を口ばしる。それによると累は、死後与右衛門が迎えた妻を六人まで次々にとり殺し、さらには怨念が虫となって与右衛門の田畑にとりつき、不作にさせたという。累の容貌というのは、色黒で、片目がただれ、鼻はつぶれ、口の幅は大きく、顔には前面に痘瘡のあとがあってひきつり、手は曲がり、足は片方が短い、というもので、容貌が醜悪であるだけでなく、心映えも醜いものであったという。[1]

1　累説話に関しては、高田衛『江戸の悪霊祓い師』角川ソフィア文庫、2016年（初出1994年）を参照した。

歌舞伎『仮名手本忠臣蔵』で三代目尾上菊五郎が演じた累（歌川国芳、1833 年）

累の身体描写のうち、「片目がただれ」、「足は片方が短い」といったところに注目したい。極端な左右不均等を表している。さらに、「鼻はつぶれ」とあることから、鼻という部分の極端な「不足」を読み取ることができ、「口の幅は大きく」からは、口という部分の極端な「過剰」を読み取ることができる。そのように不均等な身体をもつ累は、夫の妻を六人もとり殺し、それだけでなく田畑にとりついて不作にさせた。ここからは、通常の人間の霊を超えた、恐るべき女神に近い力が見てとれる。「不均等の力」とも言うべきものだ。

　その後再三にわたって菊に憑依した累は、最後には祐天上人によって除霊される。ここでは、「祟る女」と「救出者としての男」の対比が鮮やかであると高田は論じている。

「不均等の力」は、前章で取り上げた、インドネシアのバナナ型神話によく表れている。石とバナナがけんかをしてバナナが勝ったので、人間はバナナのような左右均等の身体と子孫を儲ける運命を定められた。石の方は、手も足も目も耳も一つだけという不均等を表すが、その石が、それ自体は不死であり、そして人間に死の運命を定めた。不均等な石が死をもたらすという点が「不均等の力」の根源の神話であると言えるだろう。

累に典型的に表れていた「不均等」は身体欠損に通じるものと思われるが、身体欠損の怪異は現代の都市伝説に語られている。以下に「テケテケ」と「カシマさん」という都市伝説を紹介しよう。

都市伝説　テケテケ、カシマさん、だるま女

「テケテケ」とは、下半身がない幽霊のことで、両腕を使って移動する際にテケテケと音がするので、この名がついた。

冬の北海道・室蘭の踏切で女子高校生が列車にはねられ、上半身と下半身に切断された。寒さのために切断部分が凍り付き、しばらく生きていた。彼女は死後幽霊となって現れ、なくしてしまった下半身を奪いにやって来る。この話を聞いた人のところには、三日以内に下半身のない女性の霊が現れるという。上半身のみで移動するわりには追いかけるのが速く、時速

一〇〇―一五〇キロもの速さであるらしい。追い返す呪文を唱えなければ、恐ろしい目にあう。顔は幼く、笑みを浮かべながらやって来る。

テケテケと後述のカシマさんは近い関係にあり、一説ではテケテケの正体がカシマさんであるとも言われる。どちらも身体欠損の怪異である。テケテケの場合、なくした下半身を奪いにやって来るのであるが、それはやって来られた方にとっては当然自分が下半身をなくすことを意味する。自分がテケテケと同じ姿になる。そこにひとつ怖さがある。また、足がないのに異様に動くのが速いという「ありえなさ」も恐怖をあおる。

下半身を失った理由には、異なるヴァージョンもある。北国で女性が線路に落下し、上半身と下半身に切断された。寒さのため血管が凍り付いて止血されたため、かろうじて生きていたのだが、駅員がブルーシートをかぶせてしまい、女性はその後しばらくして死んだ。彼女は自分を見捨てた人間を恨んでいるので、足を探すのではなく、人間の殺戮を目的に現れるのだという。

この「テケテケ」と似た都市伝説が、「カシマさん」である。終戦直後の混乱期に、米兵に強姦された女性が列車に身を投げて自殺した。あるいは、女性が米兵に強姦された上に両手足を撃たれ、通りかかった医師の治療で一命をとりとめたものの両手足を失い、美貌を誇っていた女性はおのれの醜い姿に衝撃を受け列車に身を投げ自殺した、ともいう。

この話を聞いた人に、霊から電話や夢で謎かけが行われる。問いかけに正しく答えられなければ、体の一部を奪われて死ぬ。問いかけと答えの例としては、「手をよこせ」と言われたら「今使ってます」と答える、「その話を誰から聞いた」と聞かれたら「カシマさん」と答える、など。

カシマさんの場合は、四肢を失い絶望して死んだのであるが、この怖さは、別の都市伝説「だるま女」に通じるものがある。「だるま女」は、海外旅行をしていた若い男女や女性たちのうち一人の女性が、試着室に入ったあとなどに行方不明になり、後に別の国で両手両足を切断された、だるまのような姿で見世物にされているのが発見されるという話となっている。[2]

この都市伝説の怖さは、この話が、誰にでも起こり得そうに思われるところにある。海外旅行で試着室に入る、という行為は誰でもするようなことだからだ。試着室というのがさながら異界への通り道である。そしてその後両手足を失うという結末は、身体の一部を著しく欠くことへの恐怖であるので、テケテケにも、カシマさんにも通じる怖さを表していると思われる。テケテケやカシマさんの場合は、それに遭遇したら身体に重大な危機が迫る。「だるま女」の方は見世物にされている。一方は恐怖に繋がり、他方は好奇心に繋がる。しかしこれらは表裏一体の関係で、人は怖いものを見たいと思う奇妙な心理を持っているものなのだ。恐怖と好奇心、そして差別は根源が同じであるのではないだろうか。

2　ウィキペディアを参照した。

人面瘡と頭二つ　「ぼっけえ、きょうてえ」「四角い頭蓋骨と子どもたち」

左右不均等という点で注目したいのは、岩井志麻子の「ぼっけえ、きょうてえ」[3]（「とても、怖い」という意味）である。この小説では、語り手の女郎の恐るべき半生が彼女自身の口から語られる。幼いころから母親の間引きの仕事を手伝い、父を殺し、女郎に売られ、女郎の友人を殺した語り手は、自分には双子の姉がいると言う。その姉の正体が、彼女自身の頭の左側についている人面瘡なのだ。頭の左側の人面瘡というところが、際立った不均等である。

この女郎の不均等という特徴と、幼いころに行っていた赤子殺しという役割、そして二度の殺人は、無関係ではない。父親殺しは「姉ちゃん」がそうしろと言ったためで、女郎殺しの原因となった指輪の窃盗は、「姉ちゃん」がそれを欲しがったからだ。この片側の人面瘡、すなわち不均等の力が、女郎を殺人に駆り立てている。この女郎も「石」の役割をもち、死への橋渡しをするのである。

「ぼっけえ、きょうてえ」の人面瘡の持つ意味に対応するものとして、山白朝子の短編小説「四角い頭蓋骨と子どもたち」[4]を挙げることができる。昔、ある貧しい村があった。その村では妊

3　『ぼっけえ、きょうてえ』角川ホラー文庫、２００２年。初出１９９９年、角川書店。
4　『幽』第19号、メディアファクトリー、２０１３年、１３８―１５２頁。

婦に様々な毒を薄めて飲ませていた。そうして生まれた子はふつうと異なる姿を持っており、十歳になると見世物小屋に売られていった。無事にふつうの姿で生まれて来た子らは、赤ん坊のころから木の箱をかぶせられた。四角い頭にして、見世物小屋に売るために。

一人の少女がいて、頭が二つあり、そのうち一つはいつもは眠っていた。あるとき少女らの住む所に熊がやって来て人々を襲う。その時少女の二つ目の頭が目を覚まし、お経を唱えた。すると熊は一目散に逃げていったという。そのように少女の二つ目の頭は時折目を覚まし、村人を救った。

その少女が村人たちを殺すことになるのだが、原因は仲の良かった「真っ白な娘」だった。肌も髪も目もすべてが白いその少女は、村の祭りの日に姿を消す。たまたま頭二つの少女が村長の家を覗くと、「真っ白な娘」が炊事場でばらばらにされてまな板にのせられ、村人たちがその肉を食べているところを目にすることになった。「真っ白な娘」の肉は「人魚の肉」と呼ばれ、食べれば寿命が延びると信じられていたのだ。

少女の二つ目の口がお経を唱えはじめた。慌てて逃げた何名かが、数日後村に帰ってみると、大人たちは腹を破裂させて死んでおり、おびただしい死体が転がっていたが、子供たちは助かっていたという。

頭二つの少女の二つ目の頭が、危機や怒りに際して目を覚まし、お経を唱える。すると相手は逃げたり死んだりする。頭二つの少女の二つ目の頭が、さながら「ぼっけえ、きょうてえ」の女郎の人面瘡だ。畸形という形で表される、異界の力と繋がる「不均等の力」である。

不均等の力

われわれはこのような不均等な姿の怪異や女に恐怖するのであるが、その怖さの源は何なのであろうか。人間が自分たちと姿の異なる者を排除しようとした例は歴史上に数多くある。異質なものへの畏れが、ある場面では差別の感情になり、怪異に対しては恐怖の感情になった。神話で、石――不均等だが不死の存在――と、バナナ――左右均等だが死なねばならない――は、バナナの何世代もの間けんかをしていて、互いに相容れぬものであった。そのように、バナナの運命を生きる我々人間は、バナナの定義から外れるものを本能的に差別し、また恐怖するのであろう。

女神や女性の話ではないが、不均等という点では鍛冶屋の神話がある。ギリシャの鍛冶神へパイストスは跛行の神である。彼は海底に仕事場を持ち、魔術的技巧を操る。海底という異界に本拠地を持ち、魔術という異界の力との関連を持つ存在であると言える。

身体欠損と魔術の神話としては、ゲルマン神話の最高神オージンの話がある。オージンは片目で、魔術を操る神である。オージンはミーミルという知恵の泉から水を飲むために、その泉を守るミーミルという名の男に、泉の水の代価として自分の片目を取り出して担保に入れて、ようやく一口飲ませてもらった。それで、オージンの片目はミーミルの泉にあると言われている。[5] オージンの片目という特徴と、魔術の神としての性質も、無関係ではないだろう。片目であることが、「不均等の力」を発動させ、魔術という異界への道を開くのだ。

インドのクベーラ神も畸形の小人である。彼は財宝の神で、特に大地の下の財宝を管轄する。地下界という異界と繋がる不均等の力と言えるだろう。

奇妙なことに、太陽と月も、跛足か一本脚と語られることが多い。代表的なものとして、日本神話の古い太陽神と考えられるヒルコ(日ル子)の神話がある。『古事記』によると、ヒルコの両親になるイザナキとイザナミは、柱の周りを廻って出会ったところで結婚することにした。イザナキは左から、イザナミは右から廻り、出会ったところで、まず女神のイザナミが「あなたはなんて素敵な男性なんでしょう」と言い、次にイザナキが「あなたはなんて素敵な乙女なんだろう」と言った。この時イザナミが先に発言したのは良くないことだった。そのために、最初に生まれた子は不具のヒルコだった。この子は葦の船に乗せられて流された。次に淡島を

5 「巫女の予言」28後半、及びスノリの「ギュルヴィの惑わし」35章。菅原邦城『北欧神話』東京書籍、1984年、112―113頁を参照した。

生んだが、これも子の数には入らなかった。

この記述だけでは、ヒルコがどのように不具であったかわからないが、『日本書紀』第五段本文の伝承がそれを教えてくれる。それによると、イザナミとイザナキは、国土と山川草木を生み出したあと、天下を治める神を生もうと考え、太陽の神を生んだ。名前をオホヒルメノムチと言った。またの名をアマテラスオホカミ。次に月の神を生んだ。次にヒルコを生んだが、この子は三歳になっても脚が立たなかったので、アマノイハクスブネに乗せて棄てた。次にスサノヲを生んだ。（傍線筆者）

つまりヒルコは、脚が不自由な太陽神であったのだ。

インドでは、太陽ではないものの同じ属性を持つ曙の神アルナが、やはり脚のない神である。その話は『マハーバーラタ』によると、このように始まる。

造物主プラジャーパティにカドルーとヴィナターという二人の美しい娘がいて、二人は共に聖仙カシュヤパの妻になった。カシュヤパはこの妻たちにとても満足したので、彼女たちの願いを叶えてやることにした。カドルーは千匹の蛇の息子を望み、ヴィナターは、カドルーの息子よりも優れた二人の息子を望んだ。しかしカシュヤパはヴィナターに、「一人半」の息子が授かるだろうと言った。そして彼は二人の妻に、それぞれの卵が生まれたら、それらに注意を払うようにと告げてから、森に去った。

やがてカドルーは千個の卵を、ヴィナターは二個の卵を産んだ。召使たちはこの両者の卵を、温かく湿った容器の中に五百年間置いた。五百年後に、カドルーの千個の卵は孵化して、蛇たちが産まれた。しかしヴィナターの卵はまだ孵化しなかった。哀れな彼女は恥ずかしく思い、一つの卵を割って中を見た。子どもは、上半身は備えていたが下半身はまだなかった。アルナという名のこの子は母を恨み、五百年の間ライヴァルの奴隷となるという呪いを母にかけた。さらに、もう一つの卵が孵るのを冷静に待たなければならないこと、もしその子が偉大な力を持つことを望むなら、さらに五百年を待たなければならないことをヴィナターに告げた。それから彼は空に行って、暁となった。[6]

このようにアルナは、時期尚早に卵を割られたために足が未熟なまま生まれ、天に昇って曙となった神である。

太陽と脚といえば、ニュージーランドに、太陽神がトリックスター（いたずら者の神）のマウイにボコボコに殴られたので、空をゆっくりわたるという神話がある。

マウイと太陽

大昔、太陽は今よりずっと早く空を渡った。マウイは、日は必要以上に短く、太陽はあまり

6　『マハーバーラタ』1・14。プーナ批判版。訳は筆者による。

にも早く空を横切る、と考えていた。ある時マウイは兄たちを説得し、太陽に縄をかけて動きをもっと遅くさせることにした。兄たちは麻を集めてロープを作り、太陽に見つからないよう夕刻に出発し、一晩中旅を続け、明け方になると身を隠し、夜になると再び旅を続けた。こうして東の果ての、太陽がそこから昇る穴の縁にたどり着いた。マウイは兄たちに太陽を捕える手順を説明し、太陽が昇るのを待った。太陽は何も怪しむことなく姿を現した。マウイが声を上げ、ロープが引かれた。巨大な、火を吐く生き物はあがき、のたうち、あちこち飛び跳ねた。しかしロープはますますきつくしまっていった。マウイはその時魔法の武器を持って飛び出し、太陽の頭に一撃を加えた。さらに顔面をむごいほど殴りつけた。太陽は絶叫し、唸り声を発し、悲鳴を上げげた。マウイは追い打ちをかけ、さらに残虐な一撃をくらわせた。太陽はとうとうマウイに慈悲を願った。兄たちはマウイの指示でロープを放した。太陽はのろのろと弱々しく這うように空を進んだ。以来太陽は、弱々しく這うように空を進む。（傍線筆者）[7]

このニュージーランドの神話でも、やはり太陽はのろのろと這うように空を渡るという。脚の不具合を思わせる表現である。

7　アントニー・アルパーズ編著、井上英明訳『ニュージーランド神話　マオリの伝承世界』青土社、1997年、74—79頁を参照した。

なぜこのような太陽神の脚の不具合の神話が広く世界中で認められるのであろうか。筆者はこのように考える。太陽は空を非常にゆっくりと歩む。その遅さが、古代人に、太陽は脚が悪いという神話を生ぜしめたのではないか。その一方、太陽は異界を旅するものでもある。天空という異界、あるいは大地の底、海底という異界を旅する。そのような異界を行くものの資格として、脚の不足という神話が各地で生じたのかもしれない。

太陽だけでなく、月も脚の不具合、とりわけ一本脚と関わりを持つことが、斧原孝守によって指摘されている。そのことは、「天道さん金の鎖」と呼ばれる昔話の中によく表れているという。例えばこの話は、沖永良部島では次のような形で残されている。

沖永良部島の「天道さん金の鎖」

母と娘二人が暮らす。姉は知恵が足らず妹は賢い。母を食った鬼が母に化けてやって来る。妹は隣の爺から母が本当の母でないことを教わり、姉を連れて池の堤の松の木に登る。追ってきた鬼が木に登ってくる。妹が太陽に願うと強い綱が下りてきたので、姉を先に妹が後になって綱を上ろうとするが、妹は片脚を鬼に食いきられてしまう。片脚の妹は今でも月のお供をしている。鬼も綱を太陽に願うと、腐れ綱が下りてくる。それにつかまって上った鬼は途中で綱が切れて死んでしまう。[8]

月に行った妹は、その月に行くまさに直前に、鬼に片脚を取られた。月という異界へ行くために、片脚を失う必要があったかのようだ。

また、沖縄本島に、上記の昔話に似た、「天道さん金の鎖」の要素を部分的に持つ昔話が残されている。

沖縄本島の月の話

むかし欲張りと正直な目赤なあとがいて、二人で蜜柑を作る。上に青いのを盛って正直の分、下に隠した熟したのは欲張りが自分のものにして町で売る。しかし正直目赤なあのが高く売れて欲張りは損をする。二人は喧嘩して目赤なあは木に逃げて登る。おたすけ、というと天から綱が下りてくる。欲張りには腐れ縄が下がる。欲張りも後をおう。途中で綱が切れた。目赤なあは足を切られた。月の中には目赤なあがいるので、今も片足だ。[9]

8　斧原孝守「天道さん金の鎖─天体神話への遡源─」『昔話─研究と資料─』32号、2004年、170頁より引用した。

9　斧原、前掲論文、171頁より引用した。

ここでもやはり、月に行く直前に片足の欠損が語られている。
月の一本脚のモチーフは大陸にも見られる。イザナキの呪的逃走を想起させる、次のような話である。

中部シベリア　ケートの天体神話

兄と妹がいる。太陽が兄を天に連れ去る。妹を懐かしく思った兄は、下界に帰してくれるよう太陽に頼む。太陽は砥石と櫛を持たせて下界にやる。化け物が妹を食い、妹に化けている。これを知った兄は逃げ、化け物に追われる。兄は太陽にもらった呪物を投げて追跡を阻もうとする。最後に太陽は光の手を伸ばして兄の片足を摑む。化け物は兄のもう一方の足を摑む。兄は二つに裂け、太陽は心臓のない方をとる。太陽がそれを暗黒の空に投げ、月になる。月が冷たいのは心臓がないからである。[10]

月の一本脚の神話も、太陽と同じように、月が非常にゆっくりと空を歩むことからの連想から生じたものかもしれない。しかし、こうも考えられる。太陽と月の脚の不具合及び一本脚は、天空や大地の下、あるいは海の下という異界を旅するものとしての「徴」ではないのかと。

10　斧原、前掲論文、173頁より引用した。

このような神話や昔話における身体の不均等と同様に、現代の怪異や女たちも、異界――特に冥界という異界――とのつながりの徴として、身体の過不足や不均等が語られているのかもしれない。すなわちこれこそ「不均等の力」という現代の神話である。

第四章　怖い箱——コトリバコ、パンドラの箱、玉手箱

伝承にはよく箱がでてくる。新しいところでは都市伝説の「コトリバコ」があり、古くまで遡ると、浦島太郎（浦島子）の玉手箱がある。この老衰と死をもたらす箱も、ある意味きわめて「怖い箱」であろう。ギリシャ・ローマでは人類のあらゆる災いの起源となったパンドラの箱の話がある。

本章では、このような「箱」の怪談と神話の意味するところについて、考えていきたい。

コトリバコ

二〇〇六年頃にネット上で「コトリバコ」なる非常に陰惨な都市伝説が流布していた。「小鳥の箱」の意味ではない。「子取りの箱」である。概略を紹介しよう。

一八六〇年代から一八八〇年代の話。ある貧しい村落があり、その村を管轄しているA地域からの迫害が深刻であった。貧しいので子供の間引きがしばしば行われていた。そんな中、隠岐の島で反乱があり、反乱を起こした側の人物が一人、その村落に逃れて来た。この人物をBとする。はじめ村落の人々はBを殺害しようとした。するとBは、強力な武器の作り方を教える代わりに自分の命を救うこと、その武器の一つを自分に与えることを提案した。村落の人々は相談して、提案を受け入れることにした。

その武器というのが、呪具「コトリバコ」である。作り方は、最初に複雑に木が組み合わさった箱を作る。箱根細工のような感じだろう。次に、その箱の中を雌の動物の血で満たし、一週間待つ。その後、血が乾ききらないうちに蓋をする。次に中身を作る。間引いた子供の体の一部を入れるのだ。子供の年齢によって場所が異なる。

・生まれた直後の子は臍の緒と人差し指の先、第一関節くらいまでと、その子のハラワタから絞った血を入れる。
・七つまでの子は、人差し指の先と、その子のハラワタから絞った血を入れる。
・十までの子は、人差し指の先を入れる。

そして蓋をする。閉じ込めた子供の数で名前が変わる。一人でイッポウ、二人でニホウ、三人でサンポウ、四人でシッポウ、五人でゴホウ、六人でロッポウ、七人でチッポウ。それ以上は絶対に作ってはならないとBは強く念を押した。ただし自分のために、七つまでの子八人を入れたハッカイを作るよう命じ、ハッカイはその一つ以外は決して作らないようにと言った。

村落の住民は箱を作り、自分たちを迫害していたAに献上品として贈った。Aの家では、女性と子供が苦しみぬいて血を吐いて死んだ。コトリバコは出産可能な女性と子供だけを殺すのだ。家を断絶させる呪いであるから。

その後、箱は複数作られ、目的を達したのち、Bの指示通り、神社の管轄のもと村民の持ち回りで厳重に管理されることとなった。しかし時とともに記憶が薄れ、管理がおろそかになる。今でもその地域の納屋からこの箱が出てくることがあるらしい。[1]

この箱の呪いは、出産可能な女性と子供にだけ作用する。女性と子供は、この箱に触れたり、近くにいるだけで呪いに感染し、内臓が少しずつ千切れて苦しみぬいて死ぬ。女性と子供だけが呪いにかかる理由は、「コトリバコ」の役割がその家を根絶やしにすることにあるためと説

1 http://matome.naver.jp/odai/2133165505415339017&page=4

明される。ちなみに、この話を聞いただけでも腹痛を起こすらしいが、筆者は今のところなんともない。

家を断絶させる呪いという点では、日本神話で天皇家と人間を呪って寿命を短くしたイハナガヒメの呪いに近いものがある。

パンドラの箱

ギリシャ神話に目を移すと、世界最悪の箱、「パンドラの箱」がある。ヘシオドスの『仕事と日々』によれば、次のような物語だ。天界から火を盗んで人間に与えたプロメテウスに最高神ゼウスが激怒し、人間（男）への大いなる災いとして最初の女を作るというところから話は始まる。

ゼウスは人間にとって災いあれと、神々に最初の女を作ることを命じた。まずヘパイストスが、急いで土と水を捏ね、その中に人間の声と力を運び入れ、不死の女神の顔に似せて美しく愛らしい乙女の姿を作った。するとアテナが巧緻を極めた布を織る技術を乙女に教え、黄金のアプロディテは乙女の頭に愛らしさを注ぎ、耐え難い恋情と四肢を蝕む悩ましさを注ぎ込んだ。神々の使者ヘルメスは、恥知らずな心と泥棒の性を彼女に与えた。乙女は神々の様々な贈りものによって飾り立てられ、パンドラと名付けられた。というのは、日々の糧のために働く人間たちに災いがあるようにと、オリンポスに住まう全ての（パン）神々が贈り物（ドロン）を与えたためである。

このように全く救いようのない策略を完成させた後、ゼウスはヘルメスに命じてエピメテウスのもとに贈り物を運んで行かせた。エピメテウスはかつて兄弟のプロメテウスから、人間たちにとって悪いものが生じることがないように、ゼウスからの贈り物は決して受け取らずに送り返すようにと言われていたのだが、そのことを忘れてこの贈り物を受け取り、後になってそのことを悔やんだ。

というのも、それまで地上に住む人間の種族は、あらゆる煩いを免れ、苦しい労働もなく、人間に死をもたらす病苦も知らずに暮していた。ところが女はその手で甕の大蓋を開けて、甕の中身をまき散らし、人間に様々な苦難を招いてしまった。そこにはひとりエルピス（希望）のみが、甕の縁の下側に残って、外には飛び出なかった。ゼウスの計らいで、女はそれが飛び出す前に甕の蓋を閉じたからだ。しかしその他の数知れぬ災厄は人間界に跳梁することになった。現に陸も海も禍に満ち、病苦は昼となく夜となく、人間に災厄を運んで勝手に襲ってくる、ただしそれらの災厄は声は立てない、ゼウスがその声を取り上げてしまわれたから。[2]

箱ではなく甕の話ではないかと思われるかもしれないが、実はギリシャ語原典ではパンドラが蓋をあけるのは、大甕なのだ。それが、ローマ文化にこの神話が取り入れられた際に、箱に置き換わった。パンドラの「箱」はもともと「大甕（ピトス）」だったのである。

エリッヒ・ノイマンによると、壺や甕はその形状と役割から、子宮を象徴する。ノイマンはそのような容器＝子宮の働きを次のように説明する。

大いなる女性の容器的性格は、身体という容器の中に胎児を庇護し、生まれてきた人間を世界という容器で庇護するだけでなく、死者を死の器である穴・棺・墓・骨壺の中に連れ戻すものでもある。[3]

女性の容器すなわち子宮とは、生命を生み出す役割と、その生み出した生命を回収する＝呑

2　ヘシオドス『仕事と日々』59行―104行より。訳は筆者による。Hésiode, *Théogonie, Les Travaux et Les Jours*, Le Bouclier, Texte Établi et Traduit par Paul Mazon, 5th ed., Les Belles Lettres (Paris), 1960.

3　エリッヒ・ノイマン著、福島章、町沢静夫、大平健、渡辺寛美、矢野昌史訳『グレート・マザー　無意識の女性像の現象学』ナツメ社、1982年、60頁。

みこむ役割の、両方を果たすのだ。

パンドラのピトスの不気味な役割を裏付ける話がある。ノイマンは、ピトスはもともと「骨壺」あるいは「棺」といった死の容器であったと指摘し、以下のように述べている。

ギリシャの地母神であるガイアがそうであるように、大地は容器の女主人であり、同時にそれ自身が地下の大いなる容器であって、死者の魂はその中を出入りする。ピトス、すなわち大きな石の壺は、本来、死者の埋葬に使われ、したがって、冥府の容器という意味をもっていた。ジェーン・ハリソンは、ギリシャ人は誰でも、「ピトスが墓壺であり、そこから魂が抜け出す等々」の考え方になじんでいた、という。[4]

これによるとパンドラの大甕＝ピトスとは、もとは骨壺あるいは棺であり、その中に死者が納められた。それゆえ、ピトスと聞けば古代ギリシャ人の耳にははじめから死と結びついた不吉なものとして響いたはずである。

パンドラは人間の男たちへの「大いなる災い」として、ゼウス自ら鍛冶の神へパイストスに命じて作らせた女だ。そうすると、パンドラの大甕とは、悪しきものを封じた巨大な子宮で、

4　ノイマン、前掲書、181頁。

開けられる定めにあった。女性が子供を産むように、大甕は開けられて中身は解き放たれなければならないからだ。それ以前は、人間（男）は病苦と死を知らずにいた。しかしパンドラが甕の中身をまきちらしたことによって、それらすべてを引き受けることになる。

その大甕・ピトスが、ローマ文化において箱に置き換わり、以降、「パンドラの箱」という言い回しが定着する。つまり大甕と箱が変換可能なものであるということが示されている。箱もまた、甕＝ピトスがそうであったように、生命を回収する子宮なのである。コトリバコの箱も、パンドラの甕＝箱と似たものと考えることができる。邪悪なものが詰め込まれた子宮である。（74頁表1参照）

生命を回収する箱

ところで、コトリバコの作り方は、中国の呪術「蠱毒《こどく》」と似ているところがある。「蠱毒」は密封された容器や甕の中に虫や蛇など複数の動物を入れて共食いをさせ、最後に生き残った動物を用いて呪いを行う。[5] 呪具として甕などの容器を使うことと、中に生き物の一部を入れる、というのが共通するしくみだ。

5　村上文崇『中国最凶の呪い　蠱毒』彩図社、2017年、134―160頁を参照した。

現代文学では、三津田信三の『密室《ひめむろ》の如き籠るもの』[6]に、コトリバコを彷彿とさせる「赤箱」というものが出てくる。その箱は、「蓋のない奇妙な木の塊」のようで、「四角形や三角形の幾何学的な」木目が表面に浮かび、「まるでバラバラの木片が組み合わさって、一個の箱という塊と化したように見えた」[7]と描写されていた。これは、おそらく箱根細工である。同書の表紙に描かれている赤箱とおぼしき箱は、まさにその箱根細工の形をしている。コトリバコも、箱根細工のような箱、と言い表されていた。

さて、物語の中で赤箱は、商家の蔵座敷の二階にしまわれている。この商家の主である岩男の前妻と、さらにその前の妻の二人ともが、この箱を開けて命を落とした。代々赤箱は、その家に嫁いでくる嫁を殺していたことも明かされている。[8]そして今また、岩男の三人目の妻が同じ蔵座敷の二階で死んだ。警察が赤箱を調べたところ、箱の内側は朱色に塗られ、中には四つの小さな黒い塊が入っていた。この塊は、切り取られた子宮であった。

『密室《ひめむろ》の如き籠るもの』の「赤箱」は、パンドラの箱やコトリバコと同様、邪悪なものが詰め

6　『密室《ひめむろ》の如き籠るもの』講談社文庫、2012年、初出2009年、講談社ノベルズ。
7　三津田、前掲書、271―272頁。
8　三津田、前掲書、348頁。

込まれた箱で、生命を「回収する」＝「呑みこむ」役割を果たす。
しかも、もともと子宮を象徴する箱の中に、さらに切り取られた子宮を四つ入れることで、嫁だけを呑みこむという「女を取り殺す箱」に特化された。作中には赤箱についてこれ以上の情報はないのであるが、おそらくこの箱は、商家に代々かけられた、家の断絶を目的とした呪いなのであろう。

表1

パンドラ	―	大甕（箱）	＝子宮―	開けられる	―災いの拡散↓	生命の回収
コトリバコ	―	箱	＝子宮―	接触する	―災いの拡散↓	生命の回収
赤箱	―	箱	＝子宮―	開けられる	―災いの拡散↓	生命の回収

浦島太郎

パンドラの箱、コトリバコ、赤箱はどれも、「呑みこむ子宮」という共通点をもつ。では、浦島太郎の「玉手箱」には、どのような意味が見出されるであろうか。浦島太郎伝説の古い形は『丹後国風土記逸文』に記されている「浦島子《うらしまのこ》」伝説で、他に『万葉集』にも記述がある。

『風土記』でははっきり書かれていない浦島子の最期を、『万葉集』は次のようにはっきりと描写している。

浦島子が玉櫛笥を少し開けると、白い雲が箱から出てきて、常世の方へとたなびいて行ってしまったので、彼は立ち走り、叫んで袖を振り、ころげまわって地団駄を踏むうちに、にわかに気を失ってしまった。彼の若々しかった肌も皺くちゃになった。黒々としていた髪も、まっ白になった。ついには息も絶えて、その後とうとう死んでしまった。[9]

玉手箱（玉櫛笥《たまくしげ》）は、寿命＝生命を閉じ込めた箱で、やはり子宮を暗示する。それを開けることで、浦島太郎（浦島子）はおのれの寿命を引き受けることになったのだ。

あるいはこの話を、一種の体外魂（分離霊魂）説話であると考えるとよく分かる。このモチーフは古く、紀元前一二五〇年以後のエジプトのパピルスの中に、二人兄弟の弟バタが心臓を取り出して松の木につるしているという話が見られる。新しいところでは、『ハリー・ポッター』シリーズで闇の帝王ヴォルデモートが魂を七分割して「分霊箱」に入れている。どちらも心臓や魂といった生命の根幹が本体にはないので、いくら体を攻撃されても死ぬことはない。浦島

9　吉田敦彦・古川のり子、『日本の神話伝説』、２４１頁を引用した。

太郎の場合は体外に取り出されているだけでなく、子宮である箱の中に入れられているのだから、二重に安全である。魂（心臓）が箱にあるうちは、歳を取ることも死ぬこともない。しかしそれを開けてしまったら、それまでの間に過ぎ去った時間を自ら引き受けるのだ。歳を取り、死なねばならない。

浦島伝説のもととなった可能性のある話として、記紀に記されるホヲリの海神宮訪問の話がある。『古事記』からあらすじを紹介しよう。

アマテラスの孫ホノニニギと、山の神の娘コノハナサクヤビメの間に三人の息子が生まれた。長男のホデリは海幸彦として海の様々な魚を取り、三男のホヲリは山幸彦として山の様々な獣を狩って暮らしをしていた。ある時ホヲリは兄のホデリに、お互いの漁と狩の道具を交換することを強く要求して、無理やりに取り替えてもらった。そしてホヲリは兄の釣り針を持って漁に出かけたが、一匹の魚も釣れなかったばかりか、その釣り針を海に落として無くしてしまった。帰宅すると兄のホデリが、取り替えた道具の返却を求めたので、ホヲリは釣り針を無くしてしまったことを打ち明けた。それを聞いた兄は無理やりに返せと責め立てたので、弟は、自分の剣を砕いて五百本や千本の釣り針をこしらえたが、兄は受け取らずに、もとの針を返すように求めるばかりであった。

困り果てた弟が海辺に出て泣いていると、シホツチの神がやってきて、泣いているわけを尋ねた。ホヲリが事情を話すと、シホツチの神は、ホヲリのために良い方法を教えてやった。まず竹を隙間なく編んだ籠の小船を作り、潮に乗って海中を進むと海の神の御殿に着くので、その御殿の門の傍らの泉のほとりにある、神聖な桂の木の上に登って待っていたら、海の神の娘があなたを見つけて、良いように取り計らってくれる、ということであった。

そこでホヲリがその通りにしたところ、本当に海神（オホワタツミ）の宮殿についたので、桂の木に登って待っていた。すると海神の娘トヨタマビメの侍女が器を持って出てきて、泉の水を汲もうとした時に、泉に映ったホヲリの姿を見た。ホヲリが侍女に水を所望したので、侍女が水を器に入れて差し出すと、ホヲリは水を飲まずに、首にかけていた玉の緒を解いて、その玉を口に含み、差し出された器に吐きいれた。すると玉は器にくっついて離れなくなったので、侍女はそれをそのままトヨタマビメに差し上げた。

それを見たトヨタマビメは、門に誰かいると思い、侍女に問いただすと、侍女はありのままを報告した。トヨタマビメは外に出てホヲリの姿を見るなり、一目ぼれして、父の海神に報告した。海神は、この方は天の神の息子だと言って中に招き入れ、丁重にもてなして娘のトヨタマビメと結婚させた。ホヲリは三年の間、海神の宮殿に滞在した。

ある時トヨタマビメは、ホヲリが深いため息をつくのを聞いて、父親にそのことを相談した。すると父の海神オホワタツミは、ホヲリにわけを聞いたので、ホオリは、そもそもこの海底の宮殿にやってきたのは、なくしてしまった兄の釣り針を捜すためであったことを打ち明けた。するとオホワタツミは、大小のあらゆる魚を集めて、釣り針の行方を尋ねた。多くの魚が、「近頃赤いタイが、喉に骨が刺さって物が食べられないと言っています、きっとこのタイが釣り針を取ったのでしょう」と答えた。その赤タイの喉を探ったところ、釣り針が出てきたので、取り出してホヲリに返した。その時オホワタツミは、その針を兄に返す時には、「この釣り針は憂鬱になる釣り針、いらいらする釣り針、貧しくなる釣り針、愚かになる釣り針」と唱えて、手を後ろに回して返しなさい。また兄が高いところに田を作ったら、あなたは低いところに、兄が低いところに田を作ったら、あなたは高いところに作りなさい。私は水を支配していますから、三年の間、兄は田んぼの収穫を得られなくて困窮することでしょう。もしそれを恨んで兄があなたを攻めてきたら、この潮満珠《しおみつたま》を使って塩水に溺れさせ、許しを乞うたら潮干珠《しおふるたま》を出して助けてあげなさい、と言って、二つの珠を授けて、一尋鰐にホヲリを地上まで送らせた。

ホヲリは全て海神の言うとおりにして釣り針を兄に返し、兄とは逆の高さの場所に田んぼを作った。そして兄がだんだん貧しくなり、そのためにホヲリを攻めようとすると、海神からもらった珠を使って懲らしめたので、ホデリはとうとう降参して、これから後は、昼夜を問わずあなたの守護をしますと約束した。こうしてホデリの子孫の隼人は、宮廷の守護を担っているのである。

トヨタマビメは、ホヲリのいる地上に自ら出向いてきて、実は以前から身ごもっていたのが、生まれる時期になったので、地上で産むべきだと考えて出てきたのだと言った。そこで海辺に鵜の羽を葺いて産屋を作ったが、その産屋がまだ出来上がらないうちにトヨタマビメのお産が始まってしまった。トヨタマビメは産屋に入る前に、決して自分の姿を見ないようにとホヲリに言っておいたが、ホヲリはその言葉を不審に思って、ひそかにトヨタマビメのお産を覗き見た。するとヒメは大鰐に変身してのたうちまわっていたので、ホヲリは恐れをなして逃げてしまった。

トヨタマビメはそのことを知って、生まれたばかりの子を残して海に帰っていった。しかしトヨタマビメは、夫を恋しく思い、自分の妹のタマヨリビメを息子の養育係として地上に遣わした。トヨタマビメの息子ウガヤフキアヘズ（鵜の羽で産屋を葺き終わらないうちに生まれたから）は、その叔母のタマヨリビメと結婚して、三人の子をもうけた。その一人が、後の神武天皇（カムヤマトイハレビコ）である。

この話の中に、浦島太郎の玉手箱の起源と考えることのできそうな箇所がある。「ホヲリが侍女に水を所望したので、侍女が水を器に入れて差し出すと、ホヲリは水を飲まずに、首にかけていた玉の緒を解いて、その玉を口に含み、差し出された器に吐きいれた。すると玉は器にくっついて離れなくなった。」という箇所だ。

侍女が持ってきた器は、パンドラの大甕と同じ意味を持ち、子宮を象徴する。ここではトヨタマビメの子宮である。ホヲリがそこに吐き出した玉は、ホヲリ自身の魂、生命であろう。子宮を暗示する器の中にホヲリの魂が吐き出され、離れなくなったというのだから、これは体外魂である。箱の中に魂が封じられていた浦島太郎の場合と同じ意味を持つものと考えられるだろう。さらに、トヨタマビメの子宮とホヲリの魂が結合したことで、この直後に行われる両者の結婚を暗示している。

最後の場面で、ホヲリは見てはいけないと言われていたのにトヨタマビメのお産をのぞき見する。これによって両者は永久に別れることになる。「見るなの禁」への違反という点で、この場面は浦島子が玉櫛笥を開ける場面に通じる。どちらも海神宮の妻の「子宮」を見るのである。

美内すずえ『妖鬼妃伝』

体外魂の話では、人形が箱の代わりになる場合がある。例えば美内すずえの『妖鬼妃伝』[10]は、特殊能力を持つ妖鬼妃とその一族が、人形に魂を宿すことで長い命を生きることを可能にしている。

妖鬼妃は阿黒王という魔神の妃である。千年前、平安時代に生まれ、二歳の時に全身マヒで全く動けなくなり、かわりに念力やテレパシーなどの能力にめざめ、多くの人々を意のままに動かし、世界を裏で操るようになった。妖鬼妃が歳を取りその魂が肉体を離れると、人形師が作った人形の中に魂を宿し、永久にその中に留まって千年を生きた。妖鬼妃一門と呼ばれる手下の者たちも、肉体は滅びても魂は人形の中で生き続け、生きた人間の身体に一時的に乗り移ってこの世を生きるというのがこの漫画作品のストーリーだ。

一門の、人形と人間の仮の姿のあり方は、まさに体外魂モチーフである。

魂＝人形＝本体
身体＝他人を乗っ取る

10　『妖鬼妃伝』美内すずえ傑作選1、白泉社文庫、1995年、初出1981年。

妖鬼妃の場合は特別で、永遠子《とわこ》という少女を巫女のように介してことばなどを伝えることになっている。すなわち、

魂＝人形＝本体
身体＝永遠子を介す

という設定である。妖鬼妃は自由に動くことができないので、身体のあり方が他の一門の者たちと異なっているが、それは妖鬼妃の力が阿黒王に由来するためと説明される。

ただし体外に魂を移す体外魂方式は、ひとたびそのカラクリが明かされれば、あとはもろく崩れ去るのみ。したがって一門の者たちは自分たちの本体である人形のありかを隠すことに非常に苦心していた。結局、千年の命を生きた妖鬼妃も、人形のカラクリが知られたために宿敵である九曜一族の末裔によって人形を破壊され、火をつけられて一門ともども破滅した。

京極夏彦『魍魎の匣』

箱に関する怪奇譚といえば京極夏彦の『魍魎の匣』[11]にふれないわけにはいかないだろう。

本作には三つの形で「箱」が出てくる。一つ目は、日本の富の何分の一にも相当する莫大な財産の、唯一の相続者である少女・加菜子を「入れた」巨大な箱の形をした研究所。加菜子は友人に線路に突き落とされて瀕死の重傷を負う。しかし親族は遺産相続のために加菜子を生かしておく必要がある。そこで加菜子は研究所に運び入れられ、壮大な生命維持装置の中に入れられた。四肢を取り去られ、頭と胸部のみを残して血管を縫合され、心肺と脳のみの機能を残し、腎機能や肝機能などはチューブで巨大な箱の形の研究所に繋ぎ、それに代行させるというものだ。

二番目の箱は、その巨大な研究所から誘拐された加菜子が入れられた、「小さな箱」。少女の上半身だけがみっしりと詰まるような大きさの箱だ。加菜子を心底崇拝する男がこの箱を持ち去った。

第三の箱は、その二番目の箱を見た男・久保が作ろうとし、失敗し続けた箱だ。久保は、見てはいけないもの——作中ではこれが「魍魎」と表現される——すなわち、箱の中にみっしりと詰められた、まだ生きている加菜子という「いびつな生」を見てしまい、それに取り憑かれた。久保は何としても同じものが欲しいと望み、少女たちを殺害しては箱に詰めることを繰り

11　講談社文庫、1999年、初出1995年、講談社ノベルズ。

返した。しかし当然ながら同じものは出来上がらない。最後には、久保自身が第一の箱、巨大な研究所という箱の中に入れられることになる。

作中でこれらの箱は、「魍魎」＝「境界」であり、近寄ると「向こう側」に引きずり込まれる、と表現される。そうであるならばこれらの箱は、生と死のはざま、境界を象徴する子宮なのではないか。ただし、人工的に作られた、偽りの子宮だ。

これらの三つの箱の「作者」や「持ち主」は、みな男性である。第一の箱は美馬坂教授、第二の箱は雨宮、第三の箱は久保という男性たちが作った、あるいは所持したものだ。三つの箱の中には、少女たちが入れられている。子宮の中に、本来その持ち主であるはずの女性が、押し戻されているのだ。

ここには男性の、子宮への恐怖を見てとれるのではないか。男性が、自ら箱という形の子宮を作り出すことで、生命を産み出す女性の力を自分のものにしようとし、さらにその子宮の中に女性を押し戻すことで子宮の力を完全に自分のものとして、安心しようとした、これは、そういう話なのではないか。作中で「子宮」と「箱」の語が近い位置に出てくることからも、作者が箱と子宮の置換性を意識していたように見受けられる。それは下記のような久保の独白の部分である。

女は子宮でものを考へると聞く。この男に無い器官が精神にどのやうな影響を與《あた》へるものかは解らぬが、ならばこれを取つてしまへば女は合理的で論理的になるのだらうか。ならば彼《あ》の匣《はこ》の娘はどうなのだらう。

過去に知り合つた全ての女は、皆口を揃へて彼《あ》の素晴らしい匣の寝具を厭がつた。彼《あ》れ程完璧な寝床は無いと云ふのに。

彼《あ》の匣《はこ》の娘ならどうだらう。[12]

「魍魎の匣」とは、自らは生命を産み出せない男たちが、生命の神秘への異様な執着から作り出した、偽りの子宮なのではないか。箱の中の生命といういびつさが、とらえどころのない妖怪「魍魎」にたとえられたのだろう。本作は、女性の管轄する生命の神秘を自分たちのものにしようとした、男たちの苦心のあがきの物語であるのかもしれない。

12 京極、前掲書、152頁。

第五章　『呪怨』伽椰子——蛇女神の末裔たち

本書を執筆するにあたり、最も怖いジャパニーズホラーとは何だろうと思い、「ジャパニーズホラー　ランキング」でインターネット検索をしてみた。大変面白い結果が出てきた。以下は、オリコンの二〇〇七年時点での最も怖いホラー映画のアンケート結果である。上位三位までを取り上げる。[1]

総合　一位　リングシリーズ　二位　着信アリシリーズ　三位　呪怨シリーズ
女性　一位　リングシリーズ　二位　着信アリシリーズ　三位　呪怨シリーズ
男性　一位　リングシリーズ　二位　呪怨シリーズ　三位　着信アリシリーズ

1　http://www.oricon.co.jp/news/46667/full/#rk

つまり、『リング』シリーズ、『呪怨』シリーズ、『着信アリ』シリーズが上位三位を独占しているのだ。そしてこの三作品の呪いの主は、いずれも女である。リングでは貞子、呪怨では伽椰子、着信アリでは美々子である。やはり、日本の怪談において、圧倒的に女が怖いのだ。なぜ女の霊が怖がられるのか。これらの女性霊たちと、神話の恐るべき女神たちとの関連から考えていきたい。

伽椰子と蛇

まずは、『呪怨』の伽椰子をみていこう。呪いは、伽椰子の壮絶な死から始まる。妻が不貞をはたらいていると思い込んでしまった夫の剛雄が、伽椰子をカッターナイフでじわじわと切り刻んで惨殺する。息子の俊雄は、死んだ伽椰子に連れ去られて霊となった。剛雄は、伽椰子の不倫の相手と思い込んだ小林俊介の妻・真奈美とその胎児を殺害した直後に、伽椰子に呪い殺された。この事件以降、伽椰子の家に住むもの、関わるものは皆、伽椰子らの呪いに取り憑かれ次々に死んでいく。

『呪怨』シリーズの特徴は、ストーリーにそれほど深い意味がなく、ただただ、伽椰子による呪殺が繰り返される点にある。それはこの作品の欠点ではなく、むしろ突出した恐怖の到達点であろう。伽椰子の呪殺は、対象は伽椰子の家に関わる者、という条件があるのみで（つまり伽椰子は地縛霊だろう）、恨みを晴らすというわけでもなく、無意味で目的がない。その感情の薄さ、無機質ともいえる殺害のあり方からは、人間の死霊という枠を超越した、一種の「負の女神」的なものを感じさせる。そう考えると伽椰子は、原初の時に人間全てを呪って死の運命を課した女神イザナミの役割を担う、現代の死の女神とも言えるだろう。

伽椰子の怖さの特徴は、出現時の姿にある。血だらけで、下半身はビニール袋に覆われて、這って階段を降りて来る。この様子を、小説版『呪怨』は次のように描写している。

何か皮膚の湿った生き物——たとえば、大きなサンショウウオ、あるいは信じられないほど巨大なナメクジのようなものが——階段を這《は》い下りて来るような気配がする。（中略）血まみれの頭を下にして、半透明のビニールを巻き付けた体をズルズルと引きずりながら、イモムシのような格好で階段を這い下りてきた。人間？——いや、人間には見えなかった。縦にパックリと割れた額、カッと見開かれた充血した目、首や体にからみついた長い黒髪、膨れ上がった唇、血を滴らせる顎《あご》……それはまさに、化け物だった。[2]

2　大石圭『呪怨』角川ホラー文庫、2003年、91頁。

引用部分では伽椰子の姿は巨大なナメクジかサンショウウオのようと表現されているが、ビニール袋に覆われて、足がないかのようにズルズルと這う姿は、むしろ蛇を連想させはしないか。伽椰子は蛇女神の系譜に属する新たな恐るべき女神なのだ。

新石器時代から女神と蛇は一体のものとされていた。蛇は獲物を呑みこむ。蛇女神は生命を呑みこむ。蛇女神の系譜は都市伝説の「口裂け女」や、三津田信三の『どこの家にも怖いものはいる』に出てくる「割れ女」に連なるが、伽椰子も同じ系譜にあるのだ。

ところで、人間を含む霊長類は本能の領域で蛇を嫌悪するらしい。それを検証した実験結果がある。蛇を見たことがない、実験室で育った猿に蛇の画像を見せると、恐怖の反応を示したというのだ。ほかにも図形や他のサルの画像を見せたが、蛇を見たときのみ、脳内の特定の神経細胞が選択的に反応し、即座に恐怖を感じたのだという。これは蛇の脅威に対応するために霊長類が獲得した能力であると推定される。[3] 霊長類が本能で蛇を嫌悪するのなら、伽椰子への恐怖は、人類が猿の時代から持っていた恐怖にさかのぼる、恐怖の原初形態であると言える。

世界の蛇女神

3 http://www.afpbb.com/articles/-/3002282 等を参照した。

恐ろしい蛇の女神は世界各地に認められる。まっさきに思い起こされるのはギリシャ神話のメドゥーサであろう。髪は蛇、歯は猪の牙のよう、手は青銅、黄金の翼をもっていて飛行することができる。そして何より、彼女の顔を見た者は石になる。

メソアメリカにはコアトリクエという女神がいる。アステカ人の大地母神であるコアトリクエ(「蛇の腰巻」)は、首が切り落とされていて、血が噴き出すその切り口からは蛇が絡み合って頭部を形作る。名前の通り、腰巻も蛇で覆いつくされている。

メソアメリカ、ことにアステカでは人身供犠が頻繁に行われていた。その生贄の切断された体から流れ出る血が、蛇となって大地に浸み込み、そこから作物が実ると考えられていた。したがってこの女神は、生贄の死を受けて豊穣をもたらす、生と死の女神であるのだ。[4]

メラネシアのワタルハンガも両義的な蛇女神である。ワタルハンガは普通の女から生まれた蛇女であった。ある時恐ろしくなった父親に八つ裂きにされたが、八日間の雨ののち体は繋がる。彼女は人間を憎んで追いかけて食べるようになった。しかし人々に捕まり料理されて食べられた。一人の女とその子供を除く全員がこれを食べた。その骨は海に投げられたが再びつながり肉がついた。ワタルハンガは村を波で襲い、蛇を食べなかった女と子供を除き、全滅させ

4 『世界女神大事典』「コアトリクエ」(メソアメリカ)を参照した。

た上で、この女と子供のためにイモとヤシを創り出した。[5]
これらの神話に見てとれる蛇女神への畏れが、伽椰子に対してわれわれが感じる恐怖にもひそんでいるのではないか。また、蛇女神たちは、死をもたらす恐ろしい側面を持つ一方で、「母」としての性質も備えている。メドゥーサは海の神ポセイドンの胤を身ごもっていて、殺された時に傷口から有翼の天馬ペガソスと、クリュサオルが誕生した。コアトリクエとワタルハンガは、大地に豊穣をもたらす役割を果たす「大地母神」でもある。伽椰子の場合、息子である俊雄の霊が常に伽椰子と共にあるところに、生を司る「母」としての名残を見ることができる。
俊雄の特徴は、伽椰子や伽椰子の家から離れて、自由に行動できるところにある。つまり伽椰子が家の主であるとするならば、俊雄はそこを基点に自由に動き回る「使い魔」であるといえるだろう。そう考えると、伽椰子と俊雄は分離不能な親子であり、呪いは両者の協力関係のもとでより強力に、恐ろしくなる。

怪異と境界

伽椰子は階段を這って降りて来る。この伽椰子出現の描写は、呪怨シリーズの恐怖の骨頂で

---

5 『世界女神大事典』「ワタルハンガ」（メラネシア）を参照した。

あろう。伽椰子が出現する場所が階段であるということにも、意味がある。
宮田登によると、怪異は境界において現れることが多い。そのことは、次のように説明されている。

（とりわけ怪異が現れやすい場所として）具体的には、道ばた、峠、坂、橋、浜、岸辺といった複数の空間がオーバーラップするような空間が該当している。別言すると、それは辻に代表される境界地点であり、外界性、内と外を区切る場所、周縁性という枠組みにもあたり、象徴的には、両義性が伴い、ある種の力がそこに発生しているとみられる。[6]

伽椰子が現れる階段もまた、境界である。家屋の一階と二階、下界と上界を結ぶのが階段であるからだ。境界に現れ、死をもたらす伽椰子の姿は、この世とあの世の境であるヨモツヒラサカで人間に死の運命を宣告したイザナミの姿に重なる。

6　宮田登『都市空間の怪異』角川選書、２００１年、１１６頁。

蛇と女

蛇というと、神話では蛇は水に属するものである。池や沼に蛇女がいるという伝承は、柳田国男によれば特に滋賀県に多い。たとえば「小野時兼と沢の竜女」という話がある。七七七年のこと、大和国吉野の小野時兼は、病気平癒の祈願のため雪野の寺の本尊・薬師如来を参拝する。その時、時兼は女の姿をした沢の竜女に出会い、契を結ぶ。三年が経ち、女は形見の玉手箱を残して水界に帰っていった。未練から平木の沢を訪れた時兼の前に十丈あまりの大蛇が現れ、時兼は恐れて逃げる。女の残した玉手箱を開けると紫雲が立ち上り、鐘が浮かび上がったので、寺に寄贈した。[7]

このような水の女は、北陸道沿いにも多くみられるという。例えば栃ノ木峠を越えたところにある夜叉が池、杉野川上流の夜叉ヶ姉池、姉川本流甲津原の夜叉ヶ姉池、越後国境の疋田の黒龍伝説、雲仙山お虎ヶ池の蛇姫伝説、長浜市永久寺町川原の蛇女房、木之本町・尸羅池《しらがいけ》の妻妾争い、余呉湖の羽衣伝説の後日譚である菊石姫《きくいしひめ》の蛇身譚など、いずれも水精伝承のヴァリエ

7 蒲生郡竜王町川守の龍王寺所蔵の『雪野寺創建之縁起』(近世後期)。堤邦彦『女人蛇体 偏愛の江戸怪談史』角川書店、2006年、65―66頁を参照した。

ーションであるという。[8]

尸羅池《しらがいけ》の伝承では、池の雄蛇が山伏のところにやって来て、死んだ妻の蛇が後妻の蛇と争うので止めてくれと訴える。山伏は法力で雌蛇らをなぐさめる。余呉の話では、天女と人間の間に生まれた女の子が、自らの蛇身を恥じ、目玉を残して湖底に沈む。この目を失った菊石姫のために鐘堂を建てて朝夕の時を知らせてやることにしたという。この話では、後述の「蛇女房」の昔話に現れる目玉のモチーフが出てくる。なぜ目玉なのか。

「蛇女房」では乳の代わりに残したことになっているので、形状が乳に似ているということもあるだろうが、それだけではあるまい。蛇は水のものだ。水と蛇（竜）と玉といえば、日本神話で海の神の娘の名が、トヨタマビメとタマヨリビメで、どちらも「タマ」という語を含んでいる。タマは、水の生命力を表す語なのだ。『日本書紀』によれば、トヨタマビメはお産の時に竜の姿をしていた（第一〇段本文）。水と蛇（竜）と玉は相互に関連を持つ。蛇女が玉を残すのは、水の生命力を残していったことを意味する。

8　堤、前掲書、71―72頁を参照した。

山岸凉子「肥長比売」

『古事記』にはヒナガヒメという蛇女が出てくる。垂仁天皇の御子ホムチワケは口がきけなかった。天皇の夢に出雲の大神が現れ、自分の神殿を作れば御子はものを言うことができるようになるだろうと語ったので、御子は出雲へ行き、肥河の中の仮の御殿に迎え入れられた。その時御子ははじめて言葉を発した。その後御子はヒナガヒメと契を結んだが、その少女の姿をそっと覗いてみると、正体は蛇であった。御子は逃げ、ヒナガヒメは海上を照らして船で追いかけてくる。御子はますます恐れて大和へ逃げ帰った。

山岸凉子はこの伝承を題材にとった漫画作品「肥長比売」[9]において、肥長比売と本牟智和気《ホムチワケ》の悲恋を描いている。二人はひと時の間結ばれるも、本牟智和気《ホムチワケ》は肥長比売の一途だが粘着質ともいえる態度に嫌気がさし、彼女を捨てて大和へ戻ろうとする。本牟智和気《ホムチワケ》に裏切られたと思った肥長比売は蛇身に変わり恋敵を河へ呑みこむ。水の女の絡みつくような深い恋情と恐ろしさが表現されている。

9　「肥長比売」『鬼』潮出版社、1997年、初出1993年。

上田秋成「蛇性の婬」

蛇女の話といえば、有名なのが上田秋成の「蛇性の婬」[10]である。以下にあらすじを紹介しよう。

裕福な網元の三番目の息子豊雄は風流を好み、働いて生計を立てようとしなかったが、父も仕方なくしたいようにさせ、神官の先生のところに勉強に通わせていた。ある日、雨宿りがきっかけとなり、豊雄は真女児《まなご》という名の素晴らしい美貌の娘と出会い、心を通わせ、父母に内緒で結婚の約束をした。この時豊雄は真女児から一振りの剣をもらったが、それは実は盗品であったことが露見した。真女児の家が探索され、その他の多くの盗品がそこから見つかった。そこにいた真女児に武士が声を荒らげて呼びかけると、大きな雷が鳴り響き、女は影も形も見えなくなっていた。

豊雄は大和に嫁いだ姉の元に身を寄せることになった。すると真女児は侍女をつれて大和まで豊雄を追ってきた。真女児の美貌と言葉巧みな説得に心を動かされた姉夫妻は、ついに二人の結婚式を挙げさせた。

ある日二人が吉野へ行った時のこと、吉野川の滝のそばで、一人の老人が真女児と侍女のま

10　鵜月洋訳注『改訂版　雨月物語　現代語訳付き』角川ソフィア文庫、2006年、113—151頁を参照した。

ろやを見ると、「ふとどきなやつだ。この邪神め。なんで人をたぶらかすのだ。わしの目の前ではごまかされないぞ」とつぶやいた。真女児とまろやはたちまち立ち上がり、滝の激流に飛び込むや、すぐさま水が大空に向かってわきあがり、二人の姿はそのまま見えなくなってしまったが、黒雲が空を覆い、雨が激しく降ってきた。老人がいうには、真女児は年経た蛇で、その本性は淫蕩なもので、豊雄の美男ぶりに惹かれて取り憑いてたぶらかしたのだろうと。豊雄は心を入れ替えて故郷に帰った。

故郷では豊雄に妻を取らせようという話になり、富子という娘が嫁いできた。ところがこの富子の正体が真女児であって、豊雄は気絶してしまった。翌日、寝所を抜け出した豊雄は、舅に相談し、鞍馬寺のお坊さんを呼んで調伏させようとしたが、お坊さんは「ああ恐ろしい、憑き物や物の怪ではなく、祟りをなさる御神であらせられるのに、自分ごときが調伏できるものか」と言って気を失い、ついには死んでしまった。今度は道成寺の和尚を呼び、再度調伏がなされた。すると真女児とまろやは正体の蛇に変わったので、和尚はそれを鉄鉢に入れて、寺の本堂の前を深く掘って埋め、未来永劫世に出ることを固く禁じた。豊雄は無事生き延びたと伝えられる。

この話において、本体が蛇の真女児は、三度にわたってしつこく豊雄を追い求める。蛇の女の執念深さはヒナガヒメと同様だ。

またこの蛇女は、ただの妖怪ではなく、邪神であるとされる。「祟りをなす御神」とも表現される。そうなると、コアトリクエやワタルハンガなどの蛇女神に近いものがある。さらには、旧石器時代から新石器時代の蛇女神にも連なるものでもあると思われる。特に新石器時代の女神は、その全身に蛇模様が描かれているものがあり、女神と蛇が一体であったことがうかがわれる。[11] 真女児はそのような古い蛇女神の系譜に属するのだ。

非常に美しいということも彼女の特徴であるが、世界の神話において、蛇が化けた人間は男女問わずしばしば非常に美しいとされる。その美しさによって、人間を魅了し、破滅に導くのである。

余談であるが、『ハリー・ポッター』シリーズの闇の帝王ヴォルデモートの蛇、ナギニも雌蛇である。ナギニという名は、サンスクリット語のナーギニーに由来するものと思われるが、ナーギニーとは、「蛇・蛇族」を意味する男性名詞ナーガの女性形である。

11　アン・ベアリング、ジュールズ・キャシュフォード著、森雅子訳『世界女神大全』I、原書房、2007年、75—77頁。

二人のお玉

蛇と一見関係ないようでいて、実は蛇女神の系統にある可能性のあるものとして、「二人のお玉」の伝承を検証したい。まずは、箱根の「お玉が池」の話である。お玉が池の近くにある興福院の看板を引用させていただく。（筆者撮影の看板による）

お玉観音の物語り

元禄十五年（一七〇二）二月十日の夜、一人の少女が関所破りをしようとして捕らえられた。

少女の名は「お玉」。伊豆半島の先端に近い大瀬村の出身で、江戸へ奉公に上がっていた。だが、そのつらさに耐えかねて、実家に戻ろうとしたものか、奉公先を逃げ出した。もちろん通行手形などは持っていない。箱根山に差しかかった「お玉」は、関所を抜けようと夜陰に乗じて裏山へ入り込んだ。しかし、そこには関所破りを防ぐために結い巡らせた木柵があり、その柵を越えられずに捕らえられてしまった。

関所破りは死刑である。「お玉」は捕まってから凡そ三ヶ月後の四月二十七日に処刑された。

お玉観音の物語り
元禄十五年（一七〇二）二月十日の夜、一人の少女が関所破りをしようとして捕らえられた。

少女の名は「お玉」。伊豆半島の先端に近い大瀬村の出身で、江戸へ奉公に上がっていた。だが、そのつらさに耐えかねて、実家に戻ろうとしたものか、奉公先を逃げ出した。もちろん通行手形などは持っていない。箱根山に差しかかった「お玉」は、関所を抜けようと夜陰に乗じて裏山へ入り込んだ。しかし、そこには関所破りを防ぐために結い巡らせた木柵があり、その柵を越えられずに捕らえられてしまった。

関所破りは死刑である。「お玉」は捕まってから凡そ三ヶ月後の四月二十七日に処刑された。

この下にある小さな池は〝なずなが池〟といわれていたが、いつのころからか、〝お玉が池〟と呼ばれるようになった。一説には、処刑された「お玉」の首を洗ったために名づけられたと伝わっている。

東海道中最大の難所であったこの箱根山中で、遭難や病死あるいは芦ノ湖で水死した者たちの亡骸が、数百年にわたり誰にも知られず、この周辺の山林や藪の中で無縁仏となっていた。数十体におよぶこれらの亡骸を一体一体掘り起こし、「お玉」のように処刑された人たちの霊と共に、ここに合祀して求世の観音菩薩の願力によって、無事往生できるように大供養するものである。

興福院

この下にある小さな池は、〝なずなが池〟といわれていたが、いつのころからか、〝お玉が池〟と呼ばれるようになった。一説には、処刑された「お玉」の首を洗ったために名づけられたと伝わっている。

東海道中最大の難所であったこの箱根山中で、遭難や病死あるいは芦ノ湖で水死した者たちの亡骸が、数百年にわたり誰にも知られず、この周辺の山林や藪の中で無縁仏となっていた。数十体におよぶこれらの亡骸を一体一体掘り起こし、「お玉」のように処刑された人たちの霊と共に、ここに合祀して求世の観音菩薩の願力によって、無事往生できるように大供養するものである。

興福院

筆者はこの池とその周辺の山林を、かなりじっくりと散策したことがある。紅葉が少し過ぎたくらいの季節であった。たいへん風光明媚で散策にはぴったりであったが、なぜか人気がないのが不思議だ。連れと「箱根の穴場スポットだね」などと言い合って、はしゃいだのを思い出す。後日ウィキペディアで知ったのだが、どうやら心霊スポットとして有名らしい。

都内に別の「お玉が池」がある。こちらは「於玉ヶ池」と表記する。千代田区岩本町にあった池で、江戸時代、この池の隣の茶屋にいた看板娘の名前を取ってこのように呼ばれるようになった。お玉は、二人の男から想いを寄せられ、悩んだ挙句に池に身を投げた。遺体は池のほとりに葬られた。この池はそれまで「桜ヶ池」と呼ばれていたが、お玉の死を悼んだ人々が「於玉ヶ池」と呼ぶようになり、お玉稲荷を建てて慰霊したという。[12]

箱根と東京都千代田区、異なる場所に、どちらも池と関わる「二人のお玉」。これは、きわめて暗示的である。その名前が重要であろう。「玉」である。前述のように、タマを名に持つ日本神話の女神といえば、海の神オホワタツミの娘、トヨタマビメと、その妹タマヨリビメがある。すでに「コトリバコ」の項で詳しい神話は紹介ずみなので、簡単にまとめると、天孫ホノニニギの末子ホヲリが、なくしてしまった兄ホデリの釣り針を捜して海底の宮殿に行き、海神の娘トヨタマビメと結婚し、三年の間、海神宮に滞在する。その後地上に帰るが、ある時トヨタマビメがお産をするため地上にやって来る。産屋が出来上がらないうちに産気づいたトヨタマビメは、決してお産を覗き見ないようにホヲリに言っておいたのに、ホヲリは見てしまう。トヨタマビメは、『古事記』ではヤヒロワニ（大きなサメかワニ）、『日本書紀』第一〇段本文では竜の姿でお産をしていた。正体を見られたので、トヨタマビメは生まれた子を地上に残し、

12　ウィキペディアによる。

海へ帰って行った。しかしトヨタマビメは夫を恋しく思い、妹のタマヨリビメを息子の養育係として地上に遣わした。後にタマヨリビメは自ら養育した姉の子・ウガヤフキアヘズと結婚した。

玉は、「魂」であり、生命そのものである。トヨタマビメとタマヨリビメの名は、彼女らが命の源としての海の水を司る女神であることを示している。

古川のり子によると、この神話は日本の昔話の「蛇女房」に連なる要素を持っている。[13] 蛇が人間に化けて男の妻となり子供を産むが、出産の時に正体を見られたので、子供を残し去っていく。その際、子供に乳のかわりに舐めさせるための「目玉」を置いていく。殿様が目玉を横取りすると、大津波や地震が起こる。

昔話「蛇女房」では、蛇女は津波を起こす力を持つ「水のもの」である。であるならば、水と蛇身と玉という三つの要素が、海神の娘トヨタマビメと共通している。

このように考えていくと、「二人のお玉」は、本来人間などではなく、玉の力を持つ蛇身の水の女神であったのではないかと思われるのである。

13　『世界女神大事典』「トヨタマビメ」（日本）。

姦姦蛇螺

都市伝説でも、女の蛇がでてくる。カンカンダラと呼ばれている。インターネットのピクシブ百科事典によると、2ちゃんねるオカルト板のスレッド「洒落怖」に紹介された体験談に登場する怪異である。

当時田舎の中学生だった語り手とその友人二人が、地元の森にある「立ち入り禁止」の区域に立ち入り「姦姦蛇螺」に遭遇する。その姿は裸の上半身に三対の腕を持つ笑う女性だったが、神社の話ではこれは「姦姦蛇螺」本体ではない。

語り手の友人は祠におかれていた「＜＜＞」の形に組まれた棒を動かしてしまったため、命を落とした。しかし語り手は棒にさわっておらず、遭遇したのも姦姦蛇螺本体ではなく、それと一体化した巫女の方であったため、命ばかりは助かった。

姦姦蛇螺の姿は、上半身は腕が六本ある人間の女性、下半身は蛇とされる。昔、大蛇を退治しようとしたが敵わぬと見た家族や村人によって生贄にされ食われた巫女の成れの果てという。普段は山奥の封印された区画で放し飼いとなっている。基本的に姿を見せないが、封印を害した人間に対しては姿を現して危害を加える。特に下半身を目撃した者は決して助からないという。封印される場所は一定周期で移されているらしい。「姦姦唾螺」、「生離蛇螺」、「生離唾螺」などの別名を持つ。単に「だら」とだけの場合もある。

これもやはり蛇の化物で、元の蛇の性別は不明であるが、カンカンダラ自体は巫女と一体化しているので、立派な女の蛇である。巫女と一体化しているという点や、場所を定期的に変えつつ放し飼いにされているという点、不思議な棒の護りなどから察するに、この都市伝説の蛇は単なる怪物ではなく、人々の「畏れ」の対象であると思われる。その点で、古代の蛇女神に通じるものがある。現代にも蛇女神の末裔は生きているのだ。

第六章　『リング』貞子――母なるものの恐ろしさ

白い服を身につけ、長い髪の毛を顔に垂らし、井戸から出てきて、テレビ画面をすり抜けて近づいてくる恐ろしい女・貞子。見れば死は避けられないという曰くのついたビデオテープの、映像の中の女性が実体となって這い出してきたのだ。あまりにも有名な映画の場面だ。

しかしこの場面は映画のオリジナルで、原作の小説にはでてこない。小説版『リング』のあらすじを見ていこう。

四人の高校生が同時に不審死を遂げた。主人公の浅川和行は、死亡した高校生の中に自分の姪がいたことから、調査を始め、呪いのビデオを見てしまう。このビデオテープを見た者は一週間後の同じ時間に死ぬという。浅川は旧友の高山竜司にもビデオを見せ、二人は共に呪いの解明に取り組む。調査は核心に迫り、呪いの主は井戸に突き落とされて死んだ山村貞子であることが判明する。二人は貞子がそこに落ちて死んだ井戸を掘って、彼女の遺骨を見つけ出す。

浅川の一週間のタイムリミットが過ぎるが、彼は生きている。呪いは解けたかのように思われた。しかし翌日、高山が死ぬ。呪いを解く方法は、「ビデオテープをダビングして他人に見せる」ことであった。浅川は、誤ってビデオを見てしまった妻と娘を救うため、自分の両親にビデオを見せることにする。こうして呪いは増殖する……。[1]

『リング』の呪いの主、山村貞子は原作では映画と異なる特徴を持つ。彼女は見た目は大変美しい女性である。映画のような恐ろしい姿を描写されることはない。しかし貞子は睾丸性女性化症候群という特異な体質で、乳房、外陰部、膣を持つが子宮を持たず、性染色体はXYの男性である。この「両性具有」に近いという特徴が、続編の『らせん』、『ループ』に繋がる重要な要素となる。

そもその発端である呪いのビデオテープの映像の中で、謎の老婆が「うぬはだーせんよごらをあげる」と言っている。この台詞は「おまえは来年子供を産む」という意味の方言だ。しかし貞子が子供を産むということは、二つの点で不可能である。

まず貞子は、入院中の父を見舞った際に、長尾という医師に犯され、首を絞められて、井戸に投げ入れられた。こうして命を絶たれた時点で、子供ができるはずはない。第二に、貞子は生物学的には男性で子宮を持たないので、そもそも子をなせない身体なのだ。その貞子が子供

1　鈴木光司『リング』角川ホラー文庫、1993年、初出1991年、角川書店。

を産むとはどういうことか。この謎は、高山竜司が命を落とす直前のモノローグで明らかにされる。

（竜司の独白）山村貞子は何を産み出したのか……。ヒントはこんな身近なところにあった。山村貞子の持つ力と、あるもうひとつの力の融合にまではとても思い至らなかった。彼女は子供を産みたかったのだ、だが、産める身体《からだ》ではなかった。そこで、悪魔と契約を結んで……、たくさんの子供を……。[2]

貞子は超能力者で、天災の予言や高度な念写を行えるほどの強い能力を持っていた。しかし自分と同じ能力を持つ母親が不幸な最期を遂げたためなのか、人前で能力を見せることには抵抗していた。まずこれが貞子の「力」の一つである。

竜司が気づいた「あるもう一つの力」「悪魔」とは、天然痘ウイルスのことである。貞子を襲った長尾医師は、天然痘に感染していた。現在は根絶されたと言われている天然痘だが、小説の中で長尾は、記録上の日本最後の罹患者ということになっている。そして長尾からウイルスをうつされた貞子は、天然痘の本当の最後の患者として死んだ。この天然痘という恐ろしいウイ

2　鈴木、前掲書、302頁。

ルスと貞子が持っていた超能力という二つの力が結ばれ、強力な感染性を持った呪いが完成したのだ。

竜司のひらめきは、彼の死後、霊となって浅川に伝えられる。それに従い、浅川が開いた本は、『人類と疫病』。そこには、以下のような記述がある。

ウィルスの本能、それは、自分自身を増やすこと。[3]

こうして、呪いのビデオテープが貞子の「子供」であることが明らかになる。すなわち、身体的には子をなせないはずの貞子は、子供が次々と産まれるかのように呪いのビデオテープが増殖することを望んだのであった。

続編『らせん』では、貞子は高山の恋人であった高野舞から再度生まれ、子宮を持つ両性具有者となった。すなわち単体での生殖が可能になったということだ。『らせん』は、貞子自身の大量発生を暗示して終わる。

貞子は井戸に落とされて死ぬのだが、この井戸というところにも意味があると思われる。井戸は大地の穴であり、したがって大地母神の胎内を象徴する。井戸に落ちることで母胎に回帰

3　鈴木、前掲書、319頁。

し、そこで貞子の「超能力」と「天然痘ウイルス」が合わさり、新たな「貞子」として――呪いの主として再生したと言える。井戸が死と再生の場なのである。そうすると、映画版「リング」において貞子が井戸から出てくる恐怖のクライマックスの場面は、原作の意図をよく汲んでいると言えるだろう。

貞子は染色体上は男性であるが、その心の在り方は女性である者として描かれる。小説の描写では、貞子は母になりたかった。それが不可能な身体であったからなおさら、母になりたかったということだろう。その想いが、「自己の増殖」という形で、呪いのビデオテープとして結実したのだ。これは、ゆがんではいるが、貞子を「母」たらしめていると読むことができるだろう。

このようなゆがんだ母としての貞子に対立させられているのは、父親たちである。『リング』の主人公・浅川はビデオテープを見てしまった妻と子を呪いから救おうとした。それは貞子の意思に従ってビデオテープを拡散させることであったのだが。また次作『らせん』の主人公・安藤は、自らの過失によって死なせてしまった息子を生き返らせ、そのことによって家族を取り戻すため、貞子と取引をした。浅川も安藤も、家族を守ろうとする良き父親であるが、皮肉にもその強い想いは、貞子のゆがんだ願望に利用され、貞子に加担する結果となったのだ。

母性という神話　バダンテール、湊かなえ

小説『リング』において「母としての貞子」が強調されているのだが、これは貞子の「母性」と呼んでよいのであろうか。そこで次に、「母性」というものの深層を知るために、湊かなえの『母性』[4]と、バダンテールの『母性という神話』[5]をひもといてみることにしよう。

湊かなえの『母性』は、バダンテールの『母性という神話』を参照しているように思われる。参考文献としての記載はないが、例えば第三者視点としての登場人物である高校教師が「母性」とは何かを疑問に思い辞書を引く場面がある。そこには「女性が、自分の生んだ子を守り育てようとする、母親としての本能的性質。」と書かれている。[6]この高校教師はいわゆる「バカ親」の存在を念頭に、この定義に疑問を持つ。バダンテールも、『母性という神話』の「新版への序文」で「母性本能」をラルース百科事典で引いている。そこではこのように定義されている。「すべての正常な女性に、母親になりたいという欲求を抱かせ、この欲求が満足されると今度は、子供たちの肉体的・精神的保護に心をくばるよう女性に働きかける、本来的傾向。[7]（傍点ママ）」

4　新潮文庫、2015年、初出2012年、新潮社。
5　鈴木晶訳、ちくま学芸文庫、1998年、初出1991年、筑摩叢書。原著1980年。
6　湊、前掲書、69頁。
7　バダンテール、前掲書、12頁。

要するに湊かなえとバダンテールとは、文学とフェミニズム歴史学というそれぞれの分野から、辞書に明記されている本能としての「母性」という定義に疑問を投げかけ、メスを入れている共通点が認められるのである。

湊かなえの『母性』をもう少し詳しく見てみよう。本作品には二人の「母」が登場する。祖母（第一の母）――母（第二の母）――娘、という関係である。母は、祖母の「無償の愛」を一身に受けて育ち、結婚し、子（娘）をもうけても、「母離れ」できない。娘よりも祖母を大事に思っている。その母に育てられた娘は哀れである。母から十分に愛されていないことを知っている、そして一途に母の愛を求めてもいる。その代わり、祖母から「無償の愛」を受けて育った。

しかし事件が起きる。祖母が母夫婦の家に泊まりに来た夜、土砂崩れで家が押しつぶされ、祖母と、一緒に寝ていた娘が箪笥の下敷きになる。出かけていた母が慌てて駆け付けるが、助けられるのはどちらか一人のみという状況である。母は迷わず娘ではなく祖母を助けようとする。「お母さんは私の一番大切な人なのよ。私を産んで育ててくれた人なのよ」。祖母が「あなたはもう子どもじゃない、母なのよ」、「親なら子どもを助けなさい」と言うと、次に母が発した言葉は衝撃的である。「イヤよ、イヤ。私はお母さんを助けたいの。子どもなんてまた産めるじゃない」。それを聞いた祖母は、「愛能う限り、大切に育ててあげて」と言うと、息を引き取った。[8]物語の終盤で明かされるのであるが、この時祖母は、自ら舌を噛み切って死んだのであった。孫を救うため――自分の血を次世代、その次へつなげるための、まさに「大いなる母神」の行為であろう。

ただしそれは、全ての生身の女性の本能ではないということが、本作品では――バダンテール的に――表現される。すなわちこの作品におけるもう一人の「母」の心は、子を産み育ててもついに「母の娘」のままであるのだ。この二人の「母」について、第三者としての高校教師はこのように考えている。

「子どもを産んだ女が全員、母親になれるわけではありません。母性なんて、女なら誰にでも備わっているものじゃないし、備わってなくても、子どもは産めるんです。子どもが生まれてからしばらくして、母性が芽生える人もいるはずです。逆に、母性を持ち合わせているにもかかわらず、誰かの娘でいたい、庇護《ひご》される立場でありたい、と強く願うことにより、無意識のうちに内なる母性を排除してしまう女性もいるんです」[9]

8　湊、前掲書、91―94頁
9　湊、前掲書、286頁。

このように、すべての女性が母性を持つわけではないことが強調されているが、バダンテールも、次のように述べて本能としての母性を否定する。

母性愛は、子どもとともに日々を過ごすうちに、子どもの世話をすることを通じて、生まれるものだと私は思う。

私としては、母性愛は人類始まって以来存在してきた、と確信しているが、それが必然的にすべての女性にそなわっているとは思わないし、種の存続がこの愛情だけによるものだとも思わない。第一に、母親以外の人物（父親、乳母など）でも子どもを「母親のように育てる」ことはできる。[10]

『母性という神話』の荻野美穂による解説では、バダンテールの主張が端的にまとめられている。バダンテールの主張の根幹は、「母性愛とは女にはじめから備わった自然や本能などではなく、近代が生み出した歴史的産物にすぎない」[11]ということにあり、そこにはヨーロッパの歴

10　バダンテール、前掲書、17頁、20頁。
11　バダンテール、前掲書、５１０頁。

史的社会的背景がある。すなわち一八世紀末頃から女性には本能的な母性愛が備わっているという考えが流布し始め、これが一九世紀を通じて強化され、二〇世紀に至っては「自明の事実」あるいは「真実」とまで考えられるようになるのであるが、それを推し進めたのは、近代国家の成立、人的資源としての「国民観」、そして夫婦と子供の愛情による結びつきを重視する「近代家族の誕生」であった。このような観念から外れた女性に「悪い母親」の烙印が押されることになった。そのような思想背景の中で、バダンテールの主張は思い切ったものであったと言えるだろう。

以上のような問題提起があることを踏まえた上で、神話としての母性を定義しておこう。旧石器時代から、女神は「産む」存在である。先史時代の女神像の多くは妊娠の兆候を示している。それゆえ女神は死をも管轄する。産み出した命に、あらゆる面で責任を持つのが女神であり、女神の役割を代行する神話的女性たちであるのだ。神話としての「母性」は第一に生物学的に女性に備わった能力、「産む」力に由来する、生と死にかかわるものである。

貞子はまさに、呪いによって人々を死にいざなうことで「死」の役割を果たし、また自己の増殖を進めることで、いびつな形ではあるが「生」の役割をも果たす、「母性」を持つ女である。貞子の怖さは根源的には母性の怖さということができるだろう。このような貞子の怖さについては、第一〇章で再度考えることにしよう。

第七章　『着信アリ』——少女と内なる母

少女とその内なる母

ハリウッドでもリメイクされた映画「仄暗い水の底から」[1]は、幼い少女の幽霊の話である。舞台は古びたマンション。母娘二人で住む部屋の天井から水が滴る、幼い娘が見えない友達と話をしているなど、様々な怪奇現象が起こる。怪現象の主は、そのマンションの屋上にある貯水槽で水死した少女・美津子であった。美津子の子供用バッグが印象的に用いられるなど、「少女」を前面に押し出した作品である。このような「怖い少女」の話も枚挙にいとまがないのであるが、なぜ一見無力な「少女」が、怪談においてはひときわ恐ろしいのであろうか。本章では「少女神」をキーワードとして、神話と現代の映画や文学における少女の怖さについて考え

1　2002年、中田秀夫監督、原作鈴木光司、「浮遊する水」、1996年。

ていきたい。

その前にまず、「少女」とはどのような存在なのかを見ておきたい。日本に限定すると、「少女」とは明治期において女子の高等教育がなされるようになった頃に作り出された概念であるとされる。[2] しかし世界に目を向けると、少女はずっと古くから存在していた。それは単語に「少女」を表す言葉があることから分かる。インドの古典語サンスクリット語では、「クマーリカー kumārikā」、あるいは「クマーリー kumārī」という語が「少女、処女、娘」を指す語としてある。古典ギリシャ語では「コレ κόρη」という語が同じく「少女、娘」を表す。インド・ヨーロッパ語族の言語上の共通の祖先であるインド・ヨーロッパ祖語でも、「少女」の語が kʷəli- という形で再建されている。[3] 少女という概念は、世界的にみるときわめて古いものであると言えるだろう。

着信アリ

少女の怖い話としてまずは、「三大ジャパニーズホラー」の一角をなす、秋元康の『着信ア

2 今田絵里香『「少女」の社会史』勁草書房、２００７年、１―２頁、54頁。『美少女の美術史』「美少女の美術史」展実行委員会編、青幻舎、２０１４年、10頁。
3 X. Delamare, *Le vocabulaire indo-européen : lexique étymologique thématique*, Librairie d'Amérique et d'Orient , Paris,1984, p.50.

リ』[4]を見ていこう。
『着信アリ』における呪いは「死の予告電話」から始まる。携帯電話に自分の電話番号から着信があり、着信時刻は未来の自分が死ぬ時間。留守電には死ぬ直前の自分の声が録音されている。こうして死んだ被害者の携帯電話に登録されていた番号から、次の被害者がランダムに選ばれて着信が来る。これが連続的に繰り返される。呪いの連鎖というテーマはホラーの王道であるが、その多くの場合、呪いは特定の場所や物と直接関連を持った時に伝染するとされる。そのような中、本作品では携帯電話という文明の利器を登場させ、呪いを、それに直接触れていなくても電波を通じて感染するものに進化させた。その呪いのあり方の不可視なところがなお一層恐怖を高める。このように空間を超えた呪いの形を出現させたところが本作品の新しさだ。

主人公・由美の周辺で不審死が相次ぐ。友人たちの間では「死の予告電話」の噂が立っている。予告電話は由美の友人なつみの所にも来る。なつみはとりわけ残酷な死に方をする。テレビで衆人環視の中、首が少しずつ霊によってねじり取られるのだ。こうして命を落としたなつみの携帯から、呪いが由美に回ってくる。由美は同じ呪いで妹を亡くした山下という男性と行動を共にし、呪いを解こうとする。調査の過程で、呪いを発しているのは鞠絵という女性であるら

4　角川ホラー文庫、2003年、および同作品の映画、2008年。

しいことが見えてくる。由美は呪いの震源地と考えられる病院跡におもむき、鞠絵の霊と遭遇する。

ここで由美が鞠絵を抱きしめて浄化するシーンは印象的だ。由美は鞠絵を、自分を虐待していた母に見立て、「いい子にするから」「ずっとここにいるから」と言って抱きしめる。この場面は映画ではミケランジェロの「聖母子」のような構図で表現され、由美はほとんど恍惚として鞠絵を抱く。しかしこれによって呪いが解かれたわけではない。本当の呪いの元は鞠絵の幼い娘の美々子で、鞠絵はその最初の被害者にすぎなかった。最後に由美は美々子と一体化し、山下をナイフで刺し、その後失踪する。二人が一体化した様子は、鏡に映った由美の姿が美々子に変わっていることで表される。

母と子の一体化

さて、この由美と美々子の一体化とは、何を表しているのだろうか。ヒントは、原作の小説の中に見出される。由美は、「強すぎる母性本能」を持ち、それは「生い立ちに起因している」と自分で認めている、というのだ。[5] つまり由美は「母」的なものとして美々子と一体化し、

5 秋元、前掲書、27―28頁。

緊密な母子一体を形成したものと見ることができる。ただし他方で、由美は「子供」でもあることが示唆される場面もある。美々子の納骨堂の前で、母親に虐待を受けていた（とその時は思われていた）美々子に由美が自分を重ね合わせ独白する。

でも、それって、誰にも言えないんだよね。／だって、自分の母親だから。／本当は大好きだから。／自分が我慢すればいいと思った。（中略）私は、どこへも行かないよ。／ずっと、お母さんのそばにいるから。

こうして由美は美々子の気持ちに同化し、涙を流すのであった。[6]

このように見ていくと、由美は少女の頃のトラウマを抱えたまま「母」的なものとして美々子と同化した、と考えることができるだろう。このような、少女にして同時に「母」的なものであるという特徴は、実は美々子にも認められる。そのことは、本作品の隠されたテーマである「代理ミュンヒハウゼン症」からうかがうことができる。この病気について、作品中では以下のように説明されている。

6　秋元、前掲書、194—195頁。

「自分がいい母親だと認められたいがために、実の子供を傷つけたり、わざと病気にさせて、一生懸命、看病する心の病です。」[7]

はじめは鞠絵がこの病気なのではないかという疑いのもと、話が進んでいた。しかし実は、鞠絵の二人の娘のうち、姉の美々子が代理ミュンヒハウゼン症だった。鞠絵が家に取り付けておいた隠しカメラの映像からそのことが発覚した。映像の中で、美々子は妹の菜々子の腕をナイフで切り付け、そのあと優しげに傷口にタオルを当てていたのだ。美々子は妹を傷つけておいて、それを看病することで、幼い心の中にある「母」的な衝動を満足させていたのだ。由美にしても、美々子にしても、少女の心の中に「母」的なものが内在している。これこそが本作品のテーマであるように思われる。

アルテミス的女性像

少女であり、同時に母の心も持つ由美と美々子。このような彼女らのあり方は、ギリシャ神話のアルテミスや、ネパールの少女の生き神クマリに通じるものがある。処女神アルテミス

7　秋元、前掲書、225頁。

が「少女」の範疇に属するか否かは見解のわかれるところであろうが、処女であるということ、少女（と童貞）の守り神であるという点から、本書では少女神として扱う。

アルテミスの職能はまず、獣の支配者であることにある。彼女はまた黄金の矢を持つ狩の女神であり、山野や沼地の主とされる。そして意外にも、出産の女神でもある。

まず、アルテミスの誕生の神話を見てみよう。アルテミスの母はティタンの一族のレトである。レトはゼウスと結ばれて懐妊したが、月満ちて彼女が身を安らえる産屋を求めた時、地上のあらゆる国々はゼウスの正妻ヘラを畏れて、彼女を憩わせてくれなかった。ヘラが、太陽の照らす全ての国は、レトに児を産む場所を与えてはならぬ、という布令を出したからであった。しかし小さな島のデロス島だけは天界の女王の命令にも関せず、レトを受け入れて憩わせ、無事に二人の児を産み落とさせた。それ以来この島は、アポロンとアルテミスの聖地として尊ばれている。[8]

一般にアポロンは太陽の神、アルテミスは月の女神とみなされているが、もとからそうであったわけではない。アポロンは、古くは農業や牧畜の守護神で、とくに五穀を荒らす害虫の類を払う神であったらしい。また弓の神でもあり、疫病との関連も深く、彼が放つ目に見えない矢は、疫病の矢となって猛威を発揮することもある。アポロンの最も重要な仕事は、予言を下す

8　呉茂一『ギリシャ神話』新潮社、1994年、137—138頁を参照した。

こと、神託を与えることにあった。デルポイの神殿で、特殊な巫女ピュティアを通じて彼が下す託宣は、重々しい、絶対的な権威を持つものとされていた。アポロンの持ち物である弓矢をアルテミスも持っている。それは狩猟に用いられるだけでなく、人間に向けて放たれると、恐ろしい死の矢となる。アルテミスの矢はもっぱら女たちに対して放たれ、特にお産の最中にある女たちが彼女の矢の犠牲になるとされた。

アルテミスと処女性の強い結びつきは、次に紹介するカリストの話によく表されている。

ニンフのカリストはアルカディア族の祖リュカオンの娘であった。彼女は世の常の少女のように、糸を紡いだり織ったりすることを好まず、身なりを整えて装いを凝らすことにも意を用いず、流れる髪を白い紐でたばねたまま、槍や弓矢を手にして、もっぱら女神アルテミスのお供をしてアルカディアの山野を駆け巡って狩猟の日々を送った。そして女神アルテミスからあつい寵愛を受けていたが、ある日のこと天上から大神ゼウスがその姿を認め、例のごとく激しい欲情を、カリストに対して抱いた。夏のある昼間、カリストが疲れて一人森の木陰で居眠りしていた時、ゼウスが目ざとくそれを見つけ、アルテミスの姿を取って近づき、今日の狩猟の成果を尋ねた。無邪気な少女は喜々として女神に答え、やさしい愛情とはにかみを示すのだった。ゼウスはついにまことの姿を現し、驚き畏れる娘を犯した。それからしばらく、少女は狩も忘れて塞ぎこんだが、いつともなく狩猟の魅力に抗しきれず、再びアルテミスのお供に加わった。しかしついに秘密の露見する時が来た。あの事件から九つの月が経っていた。アルテミスは森あいの池で沐浴をし、お供のニンフたちにも衣を脱いで沐浴させた。カリストも、一緒に沐浴することを強いられた。その姿を見るとアルテミスは、美しい眉を険しくひそめ、決然とした語調で叫んだ。「向こうへ、遠くへ行っておしまい。この清らかな泉を、汚すのは私が許しません」

こうして哀れなカリストは、貴い、そしてなつかしい狩の群から退けられた。彼女の不幸はこれにとどまらなかった。ゼウスの妬み深い妃神のヘラがこれを知り、カリストが男児を分娩した時、ヘラは自らその産褥に赴き、カリストを激しく罵り辱めたうえ、その姿を牝熊に変じてしまった。[9]

アルテミスのお供の少女たちには、処女性の遵守が絶対の掟である。処女を失った少女は、「汚れたもの」とされるのだ。

アルテミスはまた恐るべき殺戮の女神でもある。そのことは、以下の「アルテミス讃歌」から窺うことができる。

9　呉、前掲書、178—180頁を参照した。

『ホメロス風讃歌』「アルテミス讃歌」

アルテミスをば歌わん。／黄金の矢たずさえ、獲物追う叫びをあげる女神、／鹿射る女神、矢をそそぎかける畏き処女神、／黄金造りの太刀帯びるアポローンのまことの姉君《はらから》を。／女神は蔭なす山々、風吹きわたる頂き巡って狩を楽しまれ、／黄金の弓引き絞って、呻き声生む矢を射たもう。／されば高き山々の頂は震え、鬱蒼として蔭なす森は／獣たちの吠え声によりおどろおどろに鳴り轟き、／大地と魚棲む海原は震えおののく。／女神は猛き心もちたまいて、野の獣倒しつつ、／縦横無尽に馳せ巡りたもう。／……[10]

獲物を殺戮するアルテミスの恐ろしさは、あらゆる命を呑みこむ母神の恐ろしさに通じる。実際、アルテミスは処女であり母でもある。彼女は元来ギリシャ人到来以前の先住民の女神で、大地女神に由来する豊穣女神であった。エペソスのアルテミス像は無数の乳房を持っており、多産・豊穣との関連が強調されている。[11]

大母神と少女神は、アルテミスにおいて統合し、その系譜が由美や美々子のような形で現

10　沓掛良彦訳註『ホメーロスの諸神讃歌』平凡社、１９９０年、３１６頁より引用した。

11　『世界女神大事典』「アルテミス」（ギリシア）を参照した。

代にまで生き残っている、と言うことができるだろう。

処女神アルテミスに関して、リタ・フリードマンが『美しさという神話』の中で指摘している、現代女性の理想のスタイルについての話も興味深い。[12] 現代では細身のスタイルが良しとされている。テレビや雑誌などではモデルも女優もみなスリムだ。そしてそれを羨ましく思うようにわれわれは仕向けられている。このようなスリム志向は、女性の「少女化」ということができるだろう。著者はこの用語を使っていないが、神話的に言うと、「アルテミスの系譜」ということになる。

太古、女神は母であった。けれども現代社会は人口増殖ゼロを目指す社会であり、女性の母性はもはや崇拝の対象とはならなくなった。その結果が、「少女化」である。そこで、永遠の処女、性を厭うアルテミス的女性が理想像となっていったのだ。

もう少し考察を続けてみよう。たしかにリタ・フリードマンが指摘するように、世界的に見れば現代社会は人口増加にあえいでおり、このままでは（神話的表現をすると）大地は人類を養うことができず、世界は破滅に向かう。その意味で「人口増殖ゼロを目指す社会」であることに間違いない。しかし現代日本にのみ目を向けると、そこは強度の「少子高齢化」社会である。そのような日本における理想の女性像、少女像とはどのようなものなのか。これを教えてく

12　常田景子訳、新宿書房、1994年、236—237頁。

れるのが、現代少年マンガ、あるいはライトノベルやゲームにおける理想の少女の姿である。胸が異様に大きく、顔だけが幼い、デフォルメされた、現実にはあり得ない姿となっている。この姿は先にも述べたエペソスの無数の乳房を持つアルテミス像につらなるところがあるように思われる。

なぜ少女たちはこのような姿を与えられることとなったのか。それは、女性に無害性と、性的魅力の両立が求められているためであろう。男を脅かさない女性の性の表現としての幼さは、呑みこむ母への恐怖の裏返しとも言える。一方で母なるものへの憧れ、多産への渇望もある。そこで胸だけが大きいことになったのだ。

クマリの両義性

少女神といえばアルテミスのほかに、ネパールのクマリがある。初潮を迎えれば資格を失う生き神である。まず、「生き神」クマリの概略を、『世界女神大事典』

エペソスのアルテミス像（18世紀に作られた複製）Ekaterina Borisova/123RF

から見てみよう（沖田執筆項目）。

ネパール中央部のネパール盆地に住むネワールの人々の間で崇拝される。盆地の各地に「地方のクマリ」がいるが、首都の「王室のクマリ」が最も格が高い。仏教徒の金銀細工師のカーストから選ばれる。初潮前の少女であることが絶対の条件で、月経を見れば資格を失う。それに備えて常に次のクマリが探されている。選定条件は細かく、家系や身体条件など三二項目にわたる。正装は真紅の衣装に蛇の首飾りをつけ、額にはシヴァの印である第三の眼を描く。旧王室の隣にある「クマリの館」に住み、日々礼拝を受け、人々はクマリの一挙手一投足から王国の自然や人事の予兆を判断する。ネワール族の宗教儀礼の中にはクマリの臨席が必須とされているものもある。

この生き神クマリの祭りの起源となった話として、次の二つの伝説が語られている。

①ジャヤプラカシュ・マッラ王はいつものようにタレジュ女神とさいころ遊びをしていて、彼女に対して情欲を抱いた。それを見抜いた女神は王の治世は終わりに近いだろうと言い残して去った。王が女神に許しを請うと、女神は山車の祭りを行うよう告げ、王の治

世は安泰になった。

②王とタレジュ女神がさいころ遊びをしていた。王は金のお守りを持っていたが、それは女性が見てはならないものであった。しかし王の娘が見てしまった。王の神的な力は失われた。後に女神が王の夢に現れ、自分は今後一人の少女の姿で現れると告げた。それ以降人々はサキャ・カーストの少女の選考を始めた。[13]

①の伝説からは、クマリの祭りの起源となったタレジュ女神が、性を厭う女神であることが分かる。そのタレジュ女神が、生き神の少女クマリとして現れることになったことが、②の伝説で説明されている。クマリの資格が初潮を迎える前の少女であることを考えると、性を厭うタレジュとの関連は納得がいく。

しかしこれらの伝説と矛盾するようであるが、クマリは母神とも結びついている。彼女は八母神の一人であり、したがって妻であり母でもあるのだ。このようなクマリの両義性は、南インドのクマリ・アンマン寺院からも見てとることができる。クマリ・アンマンとは「処女にして母」の意である。クマリには始めから大女神としての性格が付与されていたことになる。[14]

13　植島啓司『処女神　少女が神になるとき』集英社、2014年、55―56頁を参照した。
14　植島、前掲書、52頁。

ドゥルガー像。マハーバリプラムの遺跡内の寺院にある彫刻。Jagdish Agarwal/dinodia/123RF

クマリはヒンドゥー教ではドゥルガーやカーリーなどの恐るべき女神と同義である。『マハーバーラタ』ではドゥルガーとして現れる。[15] カーリーの一形態として、王国の守護神でもある。したがってクマリは女神の「恐るべき側面」の側にあり、供犠された動物の血で絶えず宥められなければならない。[16]

このようにクマリにおいては、母神と処女神、清浄さと血の穢れといった相対立するものが、混在しているといえる。

15　植島、前掲書、53頁。
16　植島、前掲書、60頁。

天使の指

　クマリに見られたような、少女と残酷な女神が結びついている興味深い話として、倉阪鬼一郎の小説「天使の指」[17]が挙げられる。現代日本で、来歴不明の女神が秘密結社のような男たちの集団によって密かに祀られている。この女神が少女のむごたらしい生贄を求める。会員の男たちは順番で自分の娘を犠牲に差し出す。犠牲となった少女は会員の男たちによって鋏で指を一本ずつ切り取られ、致命傷にならない傷を与えられて、じわじわと殺され、絶命した後、首を切り取られ、「天使になる」。その血は蕎麦に混ぜられて会員の男たちが食す。娘を生贄に差し出した父たちは「天使」と呼ばれる女神の力を得て繁栄を謳歌する。少女は単なる犠牲ではなく、殺されて「天使」すなわち女神となるとされており、血を求める「繁栄と破壊と惨殺の女神」と聖なる少女の一体性が表現されている点で、クマリの場合と似ていると言えるだろう。

デメテル－コレ症候群　母娘の一体性

　アルテミスとクマリにおいては、少女性と「母」的なものが一身のうちに内包されていたが、

17　『さむけ』祥伝社文庫、1999年、109―147頁。

これが分離して、少女と母として別個に現れる神話もある。典型的なのがギリシャ神話におけるデメテルとペルセポネだ。

そのデメテルと娘神コレ、またはペルセポネの神話とは、次のようなものである。

『ホメロス風讃歌』「デメテル讃歌」

デメテルの娘神ペルセポネが牧の原で花を摘んでいると、神々しく輝く一輪の水仙の花が目に留まった。娘神がその花を手折ろうとして手を差し伸べると、突然大地が二つに裂けて、そこから冥界の王ハデスが馬を駆って現れた。ハデスは嫌がるペルセポネを無理矢理に捕まえて、薄暗い地底の世界へ連れ去ってしまった。娘神は甲高い声を上げて父神ゼウスに助けを求めたが、ペルセポネの誘拐はゼウス自身の計らいであったので、救いの手が差し伸べられることはなかった。ただヘカテと太陽神ヘリオスのみが、ゼウスを呼ばわる娘神の声を聞いていた。

娘神の悲痛な泣き声は山々と海底に谺し、母神デメテルの耳に届いた。デメテルは胸を痛めて青黒い衣を身に纏うと、娘の姿を求めて大地と海の上をくまなく巡った。女神は各地をさまよいながら、何も口にせず、沐浴で身体を清めることもしなかった。ついに十日目に、デメテルはヘカテに案内されて、太陽神ヘリオスを尋ねた。デメテルはヘリオスから、ペルセポネが冥王ハデスによって攫われたこと、そしてそれはゼウス自身が唆したことであったことを知った。女神の心は耐え難い悲痛と怒りに満たされ、以来神々の集いに参加することも、オリュンポスに近付くこともせず、身をやつして人間の間を彷徨った。

デメテルがエレウシスの地を訪れた時、彼女はその地を治めていたケレオスの館で歓待を受けた。女神が館の敷居を跨ぐと、その背丈は天井に届くまでに増し、この世のものとも思えぬような輝きが溢れた。それを見て畏れ慄いた館の女主人メタネイラは自らの椅子を譲ったが、デメテルはそこに腰を下ろそうとはせず、立ったままでいた。するとは機転を利かせたイアンベが、女神の前に丈夫な椅子を置き、白銀色の羊の毛皮をかけると、女神はそこに腰を下ろした。そして深くヴェールを引き被り、悲しみに沈んで一言も発せず、何も口にせず、ただじっと座っていた。しかしイアンベが冗談を言って女神の心を和ませると、ついに女神はキュケオンと呼ばれる粥状の飲料を口にした。

デメテルはその館に留まり、メタネイラの末子デモポンの養母となった。夜になると女神は、その子が不死の身となるようにと願って、火の中にその子を埋めて置くのだった。しかしある時それを覗き見たメタネイラが、息子の身を案じて悲嘆の声を上げると、怒ったデメテルは火中からデモポンを取り出して、床の上へ投げ出した。デメテルは自らの正体を明かした上で、小高い丘の上に大きな神殿を築き、その下に祭壇を設け、彼女自身が教示した祭式を執り行うようにメタネイラに命じると、背丈と姿を変えて館を出て行った。

メタネイラから全てを聞いたケレオスは、女神が命じた通りに神殿を作った。女神はそこに鎮座し、奪われた娘のことを思いながら悲しみに打ちひしがれ、大地に穀物を実らせることを止めてしまった。人間が飢えに悩んでいるのを知ったゼウスは、虹の女神イリスをはじめとする神々を次々とデメテルのもとへ遣わして機嫌を取ろうとしたが、誰にも女神の怒りを解くことはできなかった。

そこでゼウスはヘルメスを冥界に遣わしてハデスを説得させ、ペルセポネを地底から母のもとへ連れ戻させることにした。ハデスはゼウスの命令に従ってペルセポネを返すことに同意したが、地上に帰れることを知って喜びに溢れるペルセポネの口に、柘榴の実の一粒を、そっと自らの手で食べさせた。このためにペルセポネは、冥界との繋がりを完全に断ち切ることができなくなってしまった。ゼウスは、ペルセポネは一年のうち三分の二を地上で母と共に暮らし、残りの三分の一を地下の国で過ごすように取り決めた。

ゼウスは母神レアをデメテルのもとへ遣わし、オリュンポスの神々のもとへ帰るように説得させた。デメテルもついに怒りを解き、再び大地に実りを授け、エレウシスの王であるトリプトレモス、ディオクレス、エウモルポス、ケレオスに祭儀の次第を教示してから、娘神を連れてオリュンポスへ帰っていった。[18]

18　沓掛良彦訳註『ホメーロスの諸神讃歌』平凡社、1990年、6―35頁を参照した。

フレデリック・レイトン「ペルセポネの帰還」1891年頃、リーズ市立美術館

皆さんは、この話を読んでどのように思われたであろうか。母娘の美しい愛の物語と思われたかもしれない。しかしそれだけであろうか。この話を現実の世界に置き換えてみると、娘が嫁に行ったことを不服に思った母がハンガーストライキを起し、周囲に多大な迷惑をかけたので、周囲の説得によって娘は夫と離れて母のもとに戻り、母は娘を取り戻すことに成功した、というようなことになりそうだ。娘の意思はまったく問題にされない。結婚生活は台無しだ。デメテル―コレ症候群と名付ければよいであろうか。あるいは、一卵性母娘の神話であるともいえる。ここでは、娘神はあくまで母神の一部でしかない。その娘を失ったデメテルの嘆きは大地を不毛にし、世界を滅亡の危機にさらす。そしてそのことによって娘を取り戻す。分離を許さない、分離すれば世界を破滅に導く、「怖い」母娘の神話である。

母娘一体の神話は新石器時代にまでさかのぼる。チャタル・ヒュユクから出土した女神像は、二つの頭と二対の乳房を持つが、腕は一組で、胴体がつながっている。これは母神と少女の像とみなされ、デメテルとコレの先行例と考えられている。[19]

三津田信三『のぞきめ』

母娘一体の神話は古くもあり新しくもある、普遍的問題である。たとえば現代文学では、三津田信三の『のぞきめ』[20]がこのモチーフを描いている。昔、村の名家で伝染病の疑いをかけられた母娘の巡礼が衰弱させられたうえで生き埋めにされた。母親は娘だけでも助けようと、土中から娘の頭を持ち上げたが、娘は目を見開いたまま絶命していた。それ以来、村では「何かが覗く」という怪異が起こり、多くが命を落とした。その後、その名家では巡礼や近隣の村から巫女体質の少女を連れてきて滞在させ、母娘の霊の依り代にさせたが、依り代となった少女はすぐに「狂い女《め》」となった。何かが覗くという怪異は現代までつながっており、巡礼の母娘に出会って関わりをもった大学生らが命を落とした。

自分は死を覚悟し娘だけは救おうとした巡礼の母は、娘を想って飲食を断ったデメテルの姿

19　アン・ベアリング、ジュールズ・キャシュフォード、『世界女神大全』Ⅰ、97―98頁。
20　角川ホラー文庫、2015年、初出2012年、角川書店。

に近いものを感じさせる。また本作品で巫女的少女の怖さが描かれている点は、デメテルの娘神ペルセポネが冥界の女王として「不気味な」女神でもあることに通じるように思われる。祟るものとしての母娘の一対が神話と現代文学とで共通している。

冒頭でも取り上げたように、少女が母を求め、最終的に母娘一体の願いを叶える話として、映画版「仄暗い水の底から」（二〇〇二年）がある。主人公の淑美と郁子の母娘は引っ越し先のマンションで様々な怪現象に見舞われる。怪異の主は不慮の死を遂げた少女・美津子で、淑美は自分が犠牲になって美津子に連れ去られ、娘を救う。

デメテル―コレのような密接な母娘関係は、現代社会においては深刻な問題となっており、心理学者によるものから文学まで、関連著書も多い。これについては第八章「呑みこむ女」のところで再度取り上げたい。

死神としての少女

少女はまた、死神の姿とされることがある。例えば加門七海の「白衣の天使[21]」に少女の死神が出てくる。主人公の白石は骨折で入院中に、入院患者の老男性の隣で四つか五つくらいの

21 『オワスレモノ』光文社文庫、2006年、45―76頁。

白いワンピースを着た女の子が、おしゃべりをしたり、歌を歌うのを見る。「母さん　お肩をたたきましょう　タントン　タントン　タントントン」。この男性はすぐに亡くなった。同室の入院患者の噂では、その病院の隣の敷地は、もともと廃墟だった。屋敷があったのだが、火事があり、住んでいた人が亡くなったのだという。お化け屋敷とも言われていたらしい。

その後白石は別の入院患者が亡くなった場面に出くわすが、その場所にも少女がいて場違いな歌を歌い、その手はベッドに横たわっている動かない影を殴りつけるように打っている。白石は逃げ出す。とうとう白石自身が少女と対面することになる。白石ははじめは少女を恐れるが、少女に触れられた瞬間、「可愛い」という感情がわき、この子は天使、死神じゃない……、と思うも、我に返り、とっさに別の女性に少女の手を握らせて、無理やり退院する。少女がいた病院では、院内感染で大量の死者が出ていたことを後で知る。

死神は恐ろしいものだ。それによってもたらされる死も、万人が恐れるものだ。究極的には宗教というものは死への恐れから発生したものかもしれない。しかし、死は恐ろしいだけのものではない。神話において死は魂の旅立ちと考えられ、毛虫が蝶になることに喩えられる。オーストラリアの子供向けの神話に、そのことを表す次のような神話がある。

ちょうちょと、死ぬことの謎（オーストラリアの神話）[22]

夢の時代、大地の生き物は、みんな仲良く幸せに生きていました。そして、「死」とは何かを、知りませんでした。毎年春になると、みんなはマリー川のほとりに集まりました。年をとったものは座って話をし、若いものたちは川で水遊びをしました。

ある日突然、インコのギンジーが、ユーカリの木の高い枝から落ちて、首の骨を折りました。地面に横たわったままぴくりとも動きません。動物たちはギンジーを取り囲んで、起こそうとしましたが、だめでした。小枝でつつきましたが、何も感じないようです。まぶたを開けてみましたが、何も見てないようです。動物たちは途方にくれました。そこで、集まって話し合うことにしました。ギンジーに、一体何が起きたのか。

動物たちは最初に、フクロウに教えて下さいと頼みましたが、フクロウには分かりませんでした。

するとイヌワシが立ち上がり、石を拾って川に放りました。石は水面を打って、沈みました。「これがギンジーに起こったことだ」とイヌワシは言いました。「ギンジーは消えてしまったのだ。最初からいなかったのと同じことだ」と言いましたが、動物たちにはこの説明がピンとき

22　ジェームズ・ヴァンス・マーシャル再話、フランシス・ファイアブレイス絵、百々佑利子訳『カンガルーには、なぜふくろがあるのか』岩波書店、２０１１年、50―54頁を参照した。

ませんでした。
次にカラスが立ち上がり、木の棒を拾って、川に放り込みました。木の棒は、一瞬水の下に沈みましたが、すぐ浮かび上がって、川の流れに乗って下っていきました。「これが、ギンジーに起きたことだ」とカラスは言いました。「わしらから見れば、ギンジーは消えてしまった。ところがべつのところに、また、姿を現すのだ」。

動物たちはカラスの言ったことをたしかめることにして、トカゲやキツネ、カエル、ヘビなどが眠りについた。冬眠をしたのだ。しかし目が覚めても前と同じ場所にいる。これはギンジーに起こったことではないことが分かった。物語は次のように続く。

すると、虫という虫がいっせいに首をもたげました。そして「インコのギンジーに何が起きたのか、知っている！」と叫びました。虫たちは、ギンジーに起きたことを、ことばで説明するのではなく、実際に見せてあげましょうと言いました。「まず、眠ります。そして目覚めた時には、ギンジーに何がおきたのか、はっきりわかってもらえるでしょう。」そう言うと、水の中にいるヤゴは、チャノキの皮にくるまって、池の水面に漂いました。イモムシは、ガム・ツリーの葉にくるまり、そのまま、眠りにつきました。ずっと眠りました。冬の間じゅう、眠りました。春になり、様々な木々が色とりどりの花をつけました。けれど虫たちは、どこにもいません。

動物たちは、また話し合いのための集まりを、持つことにしました。いったいぜんたい池のムシやイモムシは、どうしてしまったのでしょう。そのとき、イヌワシが大声を出しました。「あれを見ろ！」

谷のはるか上空に、何万という虫の羽音を聞きました。虹のように色とりどりのちょうちょが、動物たちのまわりを舞っていたのです。「わかりませんか？　わたしたちは、イモムシだったのですよ！」ちょうちょは舞い踊りながら去っていきました。

ちょうちょが見えなくなると、フクロウは動物たちに言いました。「ギンジーに何が起きたのか、わかった。わしらから見れば、ギンジーはいなくなったが、別の姿になって、再び現れる。これで分かった、死ぬというのは、そういうことなのだ」


この神話では、死というものは毛虫がさなぎになって蝶に変化するように、魂が身体を捨てて別の姿を取って旅立つことであると考えられている。恐ろしさというよりは、むしろ希望に満ちているとさえいえる死生観だ。

現代では死に関して、安楽死がよく議論される。それほどに、人間が老いて、あるいは病で、死に向かう過程は苦しいものだ。死はそれを解き放ってくれる唯一の救いである。このことに関して、筆者はシベリウスの作曲した「悲しきワルツ」という曲を想い起す。曲の背景となる物語の中で、年老いた母親が病臥の中夢を見ている。その夢の中で彼女は踊り子たちと音楽に合わせて踊っている。そこに死神が現れるのだが、死神は死んだ夫の姿をしていた。曲調は悲し気であるが、どこかに優しさを含んでいる。死の間際に見る、愛する夫の姿をした死神は、死というものの愛おしさ、甘さを表しているように思えてならない。

「白衣の天使」において、主人公が死を体現する少女に愛おしさを感じたというのは、彼女の中の死への親和性を表すとともに、死というものの優しさを表してもいるのだろう。

岡本綺堂「停車場の少女」

岡本綺堂の「停車場の少女」[23]にも、少女の死神が現れる。語り手のM夫人がまだ若い頃、女学校時代に体験した話である。

Mは友人の継子と湯河原へ二泊旅行をした。予定通り東京へ帰ろうとすると、雨が降ってきた。継子はしきりに雨だから帰りたくないと言う。湯河原に滞在している婚約者と少しでも長

23 『見た人の怪談集』河出文庫、2016年、9―20頁、初出1989年。

くいたいのだろう。Mは、親との約束だからと言って一人で帰路につく。国府津の改札から電車に乗ろうとすると、近くから「継子さんは死にました」と声がする。ぎょっとしてあたりを見回すが、見知った顔はない。するともう一度耳のそばで囁くように、「継子さんは死にましたよ」と聞こえる。振り返ると、一五・六の美しい娘がいた。「継子さんが亡くなったのですか」と聞き返すと、娘はうなずいたように見えた。そのうち人の波にかくされ、娘は見えなくなった。湯河原に引き返すと、継子は心臓マヒで急死していた。

この話も、死を告げる少女の姿をした死神の話であると言えるだろう。また、その少女が現れた場所が停車場というところにも意味がある。地上から電車という別の空間に移動する場である停車場は、一つの「境界」であると考えられる。境界は、この世と異界のつなぎ目でもある。「となりのトトロ」を思い返してほしい。異界の住人であるトトロもネコバスも、「バス停」という境界に現れていた。

死の運命を課した少女神

少女の姿をした死神との関連では、人間に死の運命を課した少女神の神話がある。インドネシアに伝わる、ハイヌウェレとサテネの神話である。

「ハイヌウェレとサテネ、農耕と死の起源」

ハイヌウェレはココヤシの実から誕生した。アメタという男が養父として彼女を育てた。ハイヌウェレは驚くべき速さで成長し、三日後には結婚可能な女性となっていた。彼女は普通の人間ではなかった。自分の排泄物として高価な皿や銅鑼などを出した。ある時村で、マロ舞踏と呼ばれる九日間にわたる盛大な祭が行われた。その祭の中で、ハイヌウェレは村の人々に高価な皿や装身具や銅鑼などを毎日配った。村人たちはハイヌウェレの富に嫉妬して、祭の九日目に集団で彼女を殺して舞踏の広場に埋めた。養父のアメタが占いによってハイヌウェレの死体を捜し出し、彼女の身体を細かく切り刻んであちこちに埋めた。ハイヌウェレの身体の諸部分から、その時にはまだ地上になかったさまざまな物、とりわけ主食である芋が生じた。これによって人間は農耕を営んで生きるための糧を得る運命となった。人間の支配者である女神ムルア・サテネは殺害を犯した人間たちに立腹し、人間に死の運命を課した上で、自らはサラフア山で死者の魂を支配するようになった。[24]

農耕と人間の死が、ハイヌウェレ殺害という原罪を契機に発生したと説明されている。この

24　A・D・E・イェンゼン、大林太良・牛島巌・樋口大介訳『殺された女神』弘文堂、1977年、54―58頁を参照した。

ハイヌウェレの神話と密接な関連にあるのが、同じインドネシアに伝わる月の起源を語る次のような話である。

「月になったラピエ」

空に月も星もなく、太陽だけが地上を照らしていた時のことである。トゥワレという名の男が地上に住んでいた。彼は太陽から出てきたが、たいそう醜く、顔には気味の悪い吹き出物があった。トゥワレは川岸で少女ラピエを見て、どうしても結婚したいと思い、少女の両親の家を訪ね、結婚の申し込みをした。しかしトゥワレのあまりの醜さに驚愕した両親は、断る口実として莫大な婚資を彼に要求した。しかしトゥワレは平気でその条件を承知し、ひとまず帰って行った。両親は村人たちと相談し、ラピエを村から離れた場所に隠し、代わりに一頭の豚を殺して娘の服で飾りつけをし、むしろの上に横たえておいた。三日後にトゥワレが約束の品を持ってやって来たので、両親は彼を家に連れて入り、豚の死体の横たえられているところに案内した。トゥワレはそこに寝かされているのがラピエではなく豚の死骸であることに気づくと、持ってきた財宝を取り戻し、一言も言わずに去っていった。村人たちは喜んでラピエを村に連れ戻し、祭りを行って彼女の無事を祝った。

ところが数日後、ラピエが用便のために村の外に出て、一本の木の根の上に立つと、突然その根が彼女を乗せたまま、ゆっくり地中に沈み始めた。彼女はびっくりして懸命にもがいたが、どうしても地中から抜け出せず、ますます深く沈んでいくばかりだったので、叫び声をあげて助けを呼んだ。村人たちが急いで駆けつけてきて、みんなでラピエを掘り出そうとしたが、彼女が沈んでいくのを止めることはできなかった。とうとう首まで地面に埋まってしまったときに、彼女は自分の母親に向かって言った。

「わたしを連れて行くのは、トゥワレです。どうか豚を一頭殺して、祭りを行ってください。そして三日後の晩になったら、みんなで空を見てください。わたしはそこに光となって現れ、人間とすべての生き物を照らすでしょう」

そこでラピエの両親と村人たちは、家に帰って豚を殺し、三日の間ラピエのために死者の祭りを行った。そして三日目の日が暮れた時、みんなが空を見ると、西の空に最初の満月が昇るのが見られた。その時から昼は太陽が、夜は月が空に輝くようになり、この夫婦の間に生まれた五人の子供たちが最初の星になった。

ラピエに求婚に来たトゥワレとは実は太陽そのものに他ならなかった。[25]

ハイヌウェレとサテネとラピエは、三人とも「ムルア」と呼ばれる。ムルアとは、現地の

25　吉田敦彦『縄文土偶の神話学』名著刊行会、1986年、118―121頁を参照した。

言葉で結婚能力のある少女のことを指す。不可分の関係にあるこの三者は、いずれも少女神であるのだ。

これらの神話の特徴は、農耕の発生と死の発生と月の発生がほとんど同じ話で説明されていることにある。まずラピエとハイヌウェレは、どちらも生き埋めになって死んだ。ハイヌウェレは祭りの最中に村人たちが地面を掘って作った穴に落とされて殺されたのだった。これが世界で最初の死となった。ラピエも地面に沈み込んで死んだ。そしてラピエは月になり、ハイヌウェレは芋になった（ハイヌウェレの死体から芋が生じた）。これらの話を伝えるウェマーレ族の間では、ラピエとハイヌウェレとサテネはほとんど区別できぬような存在と見なされていた。つまり芋の母体となった少女神（ハイヌウェレ）と死を宣告した少女神（サテネ）と月になった少女神（ラピエ）はほとんど同一視されていたのだ。

満ち欠けを繰り返す月は死と再生の象徴である。例えば中国に、月と不死と死を関連付けた神話がある。

常娥という美しい女神がいて、羿《げい》という勇士の妻となって地上に住んでいた。羿はある時、西の果ての崑崙山に住む西王母から人間のために不死の薬をもらってきた。ところがそれを常娥が盗んで月に逃げたために、人間に死が不可避となった。常娥は醜いヒキガエルになって月に住んでいるので、月の表面がヒキガエルに見える。[26]

蛙になった常娥は、冬眠と脱皮によって、月とともに生と死を繰り返すのである。その生死(冬眠によって死んだようになり、春になると再生する。脱皮も再生を表す)のリズムによって、蛙と月が結びつけられているのだ。

アフリカ・ホッテントット族の神話でも月は死の起源と関連している。

昔、月が人間を不死にしてやろうとして、その知らせを伝えるために兎を派遣した。月の伝言は「私が死んでも生き返るように、おまえたちも死んだらまた生き返るがよい」というものだったが、兎はそれをまちがえて、あるいは悪意で、「私が死んでも生き返らないように、おまえたちも死んだら生き返ってはならない」と伝えてしまった。そして帰ってそのとおりに月に報告した。月は怒って棒きれを投げつけて兎の唇を割いたので、今でも兎の唇は割けている。[27]

満ち欠けを繰り返す月は不死の象徴であるが、同時に死を人間に決定づけるものでもあるのだ。

月はギリシャでは処女の少女神アルテミスであることも想起される。少女の両義性——将来

26 『世界神話事典』117—118頁を参照した。
27 『世界神話事典』125頁を参照した。

の生産性と、産まずに死んだ場合の不毛性――の両方を、月が表している。月は、満ちることによって豊穣を表し、欠けることによって死に向かうからだ。お産を司り、同時に産褥にある女性の命を奪うアルテミスが月の女神とされたことは、決して偶然ではない。生と死を司る女神として、必然であったのだ。

第八章　呑みこむ女

　ここまで読み進めていただいた読者には、本書の核が「母の怖さ」にあることがだんだん見えてこられたと思う。そこでさらに考察を進めるため、母の怖さについての本を探してみると、想像以上に多く出て来た。それも、文学作品もあれば、実体験をつづったもの、精神科医やカウンセラーによるものなど、様々だ。参考までに、どのようなものを見つけたか、例を挙げておこう。

〈文学作品〉
・湊かなえ『ポイズンドーター・ホーリーマザー』光文社、２０１６年。
・越智月子『お願い離れて、少しだけ。』祥伝社、２０１６年。
〈手記〉

・遠野なぎこ『一度も愛してくれなかった母へ、一度も愛せなかった男たちへ』新潮文庫、2016年、初出2013年、ブックマン社。
・小島慶子『解縛　母の苦しみ、女の痛み』新潮文庫、2016年、初出2014年、新潮社。
〈精神科医・カウンセラーによるもの〉
・信田さよ子『母が重くてたまらない　墓守娘の嘆き』春秋社、2008年。
・片田珠美『母に縛られた娘たち』宝島社、2015年。
・高橋和巳『「母と子」という病』ちくま新書、2016年。

このリストは恣意的に選んだのではなく、書店の店頭やAmazonなどで見つかったものを手あたり次第入手したらこうなった。それほどしつこく探したわけでなく、自然と集まってきた。それほどに、今、この問題が社会的にクローズアップされている。

本章では、これらの作品の一部を題材として用いながら、女の怖さの中でも特に、「母なるもの」の怖さについて考えていきたい。

現実の「呑みこむ母」と摂食障害の娘

「母の怖さ」とは、きわめて身近な、現実的なものである。その実例として、遠野なぎこの自伝『一度も愛してくれなかった母へ、一度も愛せなかった男たちへ』を見ていくことにしよう。遠野はこの本の「序章」で、このように述べている。

> あの女（筆者注：遠野の母のこと）は天才だ。私を苦しませる才能にあふれていて、私の幸せを壊すことに、たぐいまれな才能を発揮する。私が幼いころからいつもいつもいつも、そうだった。心のいちばん柔らかいところを確実に見抜いて、静かに爪《つめ》を立て、ざっくりとえぐっていく。
> 実の娘なのに？　いや、実の娘だからだ。[1]（傍点ママ）

遠野の母は、父（遠野の祖父）が高校の校長をつとめていたこともあり、地元の名士の娘として、お嬢さんのようにチヤホヤされて育てられたという。母が一八歳の高校生の時、一学年先輩だった父と付き合い始め、妊娠して卒業直前に高校を中退した。結婚生活は甘いものではなく、赤ん坊の世話に追われ、夫は仕事に行かず酒ばかり飲んでいる。自分はきれいな服も着られず、自分の時間は一分もない。母は鬱憤をためこんでいたのだろう。結婚生活は一二年で

1　遠野、前掲書、3—4頁。

幕切れとなる。すぐに母は別の男と結婚した。相手は遠野が出演したドラマのスタッフだった。母は夫の機嫌をとるために、遠野に義父と一緒に風呂に入らせていた。小学六年だった遠野の受けた嫌悪感はどれほどのものであったか。

遠野への母による虐待は数知れずあるが、中でも深刻なのは、遠野の摂食障害の原因である。思春期の頃、体重増加に悩む遠野に、母が言ったのだ。「吐けばいいのよ」と。これが今に至るまで遠野を苦しめることになる。同時に母も摂食障害であったらしいことが明かされている。過食嘔吐を常習的に行っていたようだ。

遠野は母の死を願うほどに彼女を憎んでいる。しかし母が死ねば終わりでないことを分かってもいる。そのことを遠野は、次のように述べている。

けれどもっと恐ろしいのは、それ(筆者注：母の死)が終わりではないということだ。母が死んだら、私は自由になれる？　死んでなお、私は縛られるのではないか。きっと愛されなかった自分だけが残される。私の愛は行き場を失う。[2]

遠野は何度も死を考えたという。二匹の飼い猫への愛のために、何とか思いとどまっている。

2　遠野、前掲書、196頁。

遠野と母の関係を考えるために、参考になる文学作品がある。越智月子『お願い離れて、少しだけ。』の第二章「母子像」に描かれる、比呂美と亜沙美の姉妹とその母の話である。愛らしい容姿で母親にも可愛がられて育った妹の亜沙美に対し、比呂美は「母親に似て」容姿に恵まれず、母の愛を受けることもなく、妹と母の密着した母娘関係を横目に疎外感ばかりを抱きながら育った。そのような自分と母と妹との関係を、比呂美は「一卵性母娘」という話題のキーワードを使って、次のように独白する。

あたしと母だって一卵性双生児並みに顔も性格も似ている。でも、あの女は意地でもあたしを同一化しない。きっと自分のことが嫌いなんだね。だから似ても似つかぬ亜沙美と同一化したがる。捻じれた一卵性母娘だ。[3]

比呂美は一人暮らしをしていて母とは距離を置いていた。しかし比呂美が父の七回忌で実家に帰った時に事件は起きる。亜沙美の首筋と耳に、大粒のピンクの真珠。母の嫁入り道具だ。長女の比呂美ではなく、妹の亜沙美がそれを譲り受けたということだ。比呂美は文字通り気分

3　越智、前掲書、65頁。

を悪くしてトイレで吐く。そこに祖母が現れ、比呂美の気持ちを慮りながら、こう言って彼女を諭す。

「長い目で見りゃ、あんたと亜沙美、どっちが幸せかわかんないよ。子供はね、いつかは親から離れないとダメなんだ。そっからほんとの人生が始まる。あんたさえ、その気になりゃ、今すぐにでも親離れできるんだから」[4]

この作品における比呂美と母の関係が、遠野と母の関係に似ているように思われる。亜沙美が母の愛を独占していたように、遠野にも妹と弟がいて、母の愛情を受けていたという。比呂美が自分と母の関係について、一卵性双生児のように似ている、だからこそ自分と同一化したくなくて嫌うのだ、と言っていることは示唆的である。遠野の母も、同じように遠野と自分を似たもの同士のように考え、同一化したくないがために嫌い、虐待したのではないか。遠野も母もどちらも摂食障害を患っているということも、両者が分身のような関係にあることを示しているように思える。

4　越智、前掲書、85頁。

遠野と同じように、小島慶子も過食嘔吐に悩まされていたことを手記で明かしているが、[5]その根底にあるのはやはり母との関係である。小島は次に引用するように、女性の手料理に対してかなり複雑な感情を抱いているが、それと過食嘔吐との関連は根深い。

　どんなに言い募って母を罵倒しても、結局はその人の股《また》から生まれ、その人の手料理で出来た身体を生きなくてはならないというのは投獄と同じことでした。どこまで逃げてもこの身体はついてくる。身体が飢える限り、私はこの家に帰り、言い争いながらまた食事をしなければならないのだと。

　自分が作るものも含めて私が未だに女性の手料理に対して強い警戒感と抵抗を覚えるのは、料理は支配だという考えを拭いきれないからです。無料の料理は無償の愛だから、食べた者は応《こた》えなくてはならない。それを利用している女のなんと多いことか。[6]

ここで述べられている「料理は支配」、ということについてもう少し考えてみたい。子供にとって、母親が食事を与えてくれるかどうかは、生死にかかわる。つまり料理という形で母親は生

5　『解縛　母の苦しみ、女の痛み』。
6　小島、前掲書、122頁。

殺与奪権を握っている。実際、親によるネグレクトで食事を与えられず子供が餓死した事件も複数あった。

逆に、自己表現の手段として、料理や家事に過剰に手間をかけて、良き母を演出する女性も少なくない。我が国の伝統料理「みそ汁」にそのことがよく表れている。出汁から手間をかけた、美味しいみそ汁が作れるかどうか、そこに執心する母親たち。そしてその母のもとで育てられた子供もみそ汁信仰を受け継ぎ、娘なら同じように手の込んだみそ汁＝料理を作り、息子なら結婚相手に同じものを求める。子供の視点からは、母親の手の込みすぎた料理を圧力と感じる場合もあるだろう。

本章の後半で紹介する山岸涼子の漫画作品「メディア」では、大学生の娘に弁当を作り続ける母と、それを負担に思うが母の愛を拒むこともできず、最後に母の手で死に追いやられる娘が描かれている。母の料理とは、希薄であっても過剰であっても問題となる、母という存在そのものに繋がる重いものなのだ。

小島は一五年の摂食障害の末に不安障害までも発症したという。同書の最後の見出しは「母性という原罪」となっており、本書の観点からすると大変興味深い。この見出しからはじまる節の最後の部分は、このように締めくくられる。

一五歳から始まって、最初の子どもを産む三〇歳まで、一五年に及ぶ私の摂食障害は自分を罰して半殺しにする行為でしたが、もう半分では熱烈に生きたがっていました。それは自然の欲求でもありましたが、「人生に期待せよ」と私に言い聞かせた母のおかげでもありました。

母は、娘たちに憑依することで「あったかもしれない人生」を生きようとしました。

（略）

母に憑依されることで私は苦しみ、その除霊のために自傷行為である過食嘔吐《おうと》を繰り返し、それがようやく治まったと思った頃、自分が母親になったことをきっかけに、内面化された母との不適合に苦しんで、不安障害になりました。けれど「生きることに期待する」という習慣は、最終的に私に死を思い止《とど》まらせました。

幼い頃に繰り返し刷り込まれたメッセージは、人を殺しもするし、生かしもする。その両方を同じ母から与えられることもあるのだということを私は知りました。親になることはその原罪を負うこと。私の二人の息子たちにも、いつかそのように親を殺し、親に生かされる日が来るのだと思います。[7]

7　小島、前掲書、199―200頁。

ここで注目したいのは最後の段落である。「人を殺しもし、生かしもする」母親の原罪とは、まさに本書の核となる考えである。母とは、産み育てる愛にあふれていると同時に、自らが産み出した生命を呑みこんでしまう、殺してしまう、恐ろしいものでもある。その呑みこむ側面が子供に向かう時、子供は自傷行為に走り、自らを死へと追いやるのである。遠野の母がそうであったように、小島の母も、そのような呑みこむ母であったのだ。

生・性・死と文化と、女

原罪という言葉で想起させられるのは、やはり『旧約聖書』のエバの原罪である。ユダヤ教の「最初の女・エバ」の誕生と楽園追放までの話を、『旧約聖書』の「創世記」から見てみることにしよう。

ヤハウェ神は東の方のエデンに一つの園を設け、彼の造った人をそこにおかれた。ヤハウェ神は見て美わしく、食べるによいすべての樹、さらに園の中央には生命の樹と善悪の智慧の樹を地から生えさせた。

（略）

ヤハウェ神はその人を取って、エデンの園におき、これを耕させ、これを守らせた。ヤハウェ神は人に命じて言われた、「君は園のどの樹からでも好きなように食べてよろしい。しかし善悪の智慧の樹からは食べてはならない。その樹から食べるときは、君は死なねばならないのだ」。

さてヤハウェ神が言われるのに、「人が独りでいるのはよくない、わたしは彼のために彼に適わしい助け手を造ろう」。(中略　動物が創造されるが、人にふさわしい助け手ではない。)そこでヤハウェ神は深い眠りをその人に下した。彼が眠りに落ちた時、ヤハウェ神はその肋骨《あばらぼね》の一つを取って、その場所を肉でふさいだ。ヤハウェ神は人から取った肋骨を一人の女に造り上げ、彼女をその人の所へ連れてこられた。その時、人は叫んだ、「ついにこれこそわが骨から取られた骨、／わが肉から取られた肉だ。／これに女《おんな》という名をつけよう、このものは男《おとこ》から取られたのだから」。

(略)人とその妻とは二人とも裸で、たがいに羞《は》じなかった。

さてヤハウェ神がお造りになった野の獣の中で蛇が一番狡猾であった。蛇が女に向かって言った、「神様が君たちは園のどんな樹からも食べてはいけないと言われたというが本当かね」。そこで女は蛇に答えた、「園の樹の実は食べてもよろしいのです。ただ園の中央にある樹の実について神様は、それをお前たち食べてはいけない、それに触れてもいけない。お前たちが死に至らないためだ、とおっしゃいました」。すると蛇が女に言うには、「君たちが死ぬことは絶対にないよ。神様は君たちがそれを食べるときは、君たちの眼が開け、神のようになり、善でも悪でも一切が分かるようになるのを御存知なだけのことさ」。そこで女はその樹を見ると、成程それは食べるのによさそうで、見る眼を誘い、智慧を増すために如何にも好ましいので、とうとうその実を取って食べた。そして一緒にいた夫にも与えたので、彼も食べた。するとたちまち二人の眼が開かれて、自分たちが裸であることが分かり、無花果樹《いちじく》の葉を綴り合せて、前垂を作ったのである。

(中略　神がやって来て、二人の罪を知り、蛇と女に呪いを言い渡す。)

さらにその人に言われた、「君が妻の言う声に聞き従い、わたしが食べてはいけないと命じておいた樹から取って食べたから、君のために土地は呪われる。そこから君は一生の間労しつつ食を獲《え》ねばならない。土地は君のために荊《いばら》と棘《おどろ》を生じ、君は野の草を食《しょく》せねばならない。君は顔に汗してパンを食《くら》い、ついに土に帰るであろう。君はそこから取られたのだから。君は塵だから塵に帰るのだ」。

さてその人は彼の妻の名をエバと名づけた。というのは彼女は全ての生けるものの母となったからである。[8]

8　関根正雄訳『旧約聖書　創世記』第二章～第三章、岩波文庫、1956年、12―16頁を一部引用した。

エバは蛇に唆《そそのか》されて、禁断の木の実を取って食べ、アダムにも食べさせた。その結果二人は「性」を知った。それまでは裸でも恥ずかしくなかったのが、それ以降、お互いが裸であることを恥ずかしく思ったからである。そして二人は楽園を追放された。この時人間に死の運命が課せられ、同時に「土地から食物を獲る」、すなわち農耕という文化が発生した。その後エバはアダムとのあいだに息子たち、カインとアベルを産んだ。

まさにこの「最初の女」エバが、人間に死の運命を決定づけた「死」をもたらす女であり、子を産む母でもある。「すべての生けるものの母」なのである。生と死という、女神の二つの顔を持つ女なのだ。

シュトック「アダムとエバ」1912年、個人蔵

性と生と死、そして農耕という労働と文化が、この一連の神話によって同時に発生したと説明されていることも重要である。生と死と生殖は、神話的思考において、不離のものである。死がなければ生もありえず、また生殖があるならば死も不可避であるからだ。もし死が存在せず、生殖のみがあったならば、命が増えすぎて、世界は秩序を保てない。新たな生命が増えるためには、死はなくてはならないのだ。

またエバは、後の絵画において、誘惑の蛇とほとんど一心同体のような描かれ方をされる。蛇と女。またこの取り合わせだ。

死と生殖が一対であるという思考は、次に紹介する西アフリカの神話にもよく表されている。この話は、筆者は子供向けの神話の本から知った。カメが主役の可愛らしい話のようでいて、その内容は非常に深刻であると同時に、この話が神話学では「バナナ型」と呼ばれる死の起源神話に属することに気づき、大いに驚いた。管見の限り、アフリカにバナナ型神話は分布していないはずなのだ。その話を紹介しよう。

「カメのおねがい」

この世のはじめには、だれも死にませんでした。カメにカメおくさん、男と女、石ころたち――この世にあるものはみんな、いつまでも生きていました。そういうふうにきめたのは、この世の造り主でした。

ある日、カメは、カメおくさんにいいました。「ずっとかんがえていたんだけどね、小さなカメがたくさんほしいな」「わたしもほしいわ」と、カメおくさんもいいました。

「小さいカメがたくさんいたら、どんなにうれしいでしょう。造り主のところへ、おねがいしにいきましょう」

そこでカメとカメおくさんは、のっそりのっそりはっていきました。造り主のところにつくと、ふたりはいいました。

「おねがいです、小さいカメをさずけてください」

「そうか……子どもがほしいのか」と、造り主はいいました。「だが、よくかんがえなさい。子どもをもつと、いつまでも生きていることはできない。いつかは、死ななければならない。さもないと、カメがふえすぎてしまうからだ」

カメとカメおくさんは、こたえました。

「まず、子どもをさずけてください。そのあとでなら、死んでもかまいません」

「では、そのようにしよう」と、造り主はいいました。

カメとカメおくさんは、のっそりのっそりはってかえりました。それからまもなく――

ふたりは、大よろこび！　とびあがって、よろこびました！　ごらん、ごらん――こんなにたくさん、子ガメをさずかったよ。

よちよち歩きまわったり、カメやカメおくさんにじゃれついたり、たのしそうにあそんでいる子ガメたちを見て、人間の男は、女にいいました。

「子どもがほしいなあ」

「わたしもほしいわ」と、女もいいました。「子どもがいたら、どんなにうれしいでしょう。造り主のところへ、おねがいしにいきましょう」

こうして人間の男と女は神のところに行き、カメの場合と同じように「子供をもてばいつまでも生きていることはできない。いつかは死なねばならない」と言われるが、それでもよいと答えて、子供を授かる。その後、物語は次のように石の運命を語る。

石は、子ガメや人間の子どもたちがよちよち歩きまわったり、おやにじゃれついたり、たのしそうにあそんでいるのを見ました。けれども石は、子どもをほしいとはおもいませんでした。ですから、造り主のところへいきませんでした。

このようなわけで、いまでは、男も女もカメもカメおくさんも死ぬときがくるのです。

造り主が、そうきめました。それというのも、カメや人間が子どもをほしがったからです。けれども、石は子どもをもちませんから、死ぬことはありません。いつまでも、生きています。[9]

（ナイジェリアのものがたり）

第三章で紹介したバナナ型神話のように、子どもを持たない石が「不死」を象徴し、子どもを持つカメや人間は、その代償として、死なねばならない。そうでなければ世界の秩序が成り立たないから。

旧約聖書の話では、人間の死と生殖が決定づけられるのと同時に、人間は土地を耕して、苦労してパンを食べる運命を宣告された。これはつまり、農耕という文化の起源譚でもあると見ることができる。このように、死と文化が同時に発生する話は、遠く離れた南アメリカの神話にも見られる。

南アメリカ　アピナイェ族

大昔、人間は火も弓矢も知らず、ジャガーがその両方を持っていた。ある時一人の少年が、ジャ

9　メイヨー再話、ブライアリー絵、百々佑利子訳『世界のはじまり』岩波書店、1998年、34―37頁を一部引用した。

ガーに命を助けてもらった上に、養子にされて家に連れて行かれて、始めて火が燃えているのを見て、美味しい焼肉を食べた。ジャガーは少年に、弓矢を与えて使い方を教えてやった。それから彼に焼肉をたくさん持たせて、こう注意した上で、人間の村に帰らせた。「途中で呼び声が聞えたら、岩とアロエイラの樹の呼びかけにだけ答えなさい。腐った木のささやくような呼びかけには、決して答えてはいけない。」

しかし少年はこの注意を忘れてしまって、最初と二番目の呼びかけに答えたあとで、三番目の腐った木の呼びかけにも答えてしまった。そのために人間の寿命が短くなってしまったので、もしこのとき少年がジャガーの注意を守っていたら、人間は岩やアロエイラの樹と同じくらい長生きできるはずだった。

村に帰った少年は、ジャガーの家に火のあることを村人に話して聞かせた。人々はさっそく、火をもらいにジャガーのもとへ行った。ジャガーは人々を温かく歓迎して火を贈りものとして人間に与えた。[10]

この神話では、人間の死の起源が語られているのと同時に、火や弓矢の起源も説明されている。死の定めと、文化の獲得が、密接に結びついている。

---

10 『世界神話事典』134―135頁を参照した。

ナイジェリアの「カメのおねがい」や南アメリカのジャガーと火の神話を考察することで、『旧約聖書』のエバの物語の解釈がより明確になると思われる。第一に、これらの神話では、生と性と死はひとまとまりのものとして考えられている。性によって生があり、生があればまた死も必然である。第二に、人間は生・性・死の全てを引き受けることで、文化（農耕や火などを手に入れることができた。それ以前は果実や、生肉を食べていたのだ。神話的思考において、生・性・死と文化、というこの観念連合が肝心とされていたことが分かる。きわめて高度な神話の論理であると言えるだろう。

神話の中の「呑みこむ母」 メデイア、プロクネ

先に、実在する「子を呑みこむ母」として、遠野と小島の母を取り上げたが、神話で「子を呑みこむ母」といえば、ギリシャの魔女メデイアであろう。アポロドロスの『ビブリオテケ』によると、コルキスの王女メデイアは、金羊毛を取りに来たイアソンに恋をした。彼女は父を裏切って、イアソンが金羊毛を奪う手助けをし、弟を連れて船に乗り込んだ。故郷から逃げる途中で父からの追手が来たので、弟を八つ裂きにして海に投げ入れ、父がそれらを探している間に逃げる。イアソンとメデイアは結婚してコリントスで一〇年間幸せに暮らしたが、コリン

トス王のクレオンが娘グラウケをイアソンの許嫁にしたので、イアソンはメデイアと離婚して王の娘と結婚した。メデイアはこれを恨み、新婦に毒薬を浸した衣を贈った。花嫁はそれを着て、助けにきた父とともに烈火によって焼き尽くされた。またイアソンとの間に産んだ子供たち、メルメロスとペレスとを殺し、太陽神から有翼の竜の車を得て、これに乗って遁《のが》れた。[11]

オウィディウスの『変身物語』にも、夫への復讐のために子供を殺す女の話がでてくる。トラキア王テレウスとアテナイ王女プロクネが結婚し、男児イテュスをもうけた。しかしテレウスはプロクネの妹ピロメラに恋をし、トラキアに連れてきて犯した上で、悪事が露見しないようにピロメラの舌を切り取る。幽閉されたピロメラは織物に緋色で文字を記して姉に起こったことを知らせた。再会した姉妹は、テレウスへの復讐を誓う。その手段として、息子のイテュスを殺害し、体を切り裂き、それらを煮たり焼いたりして料理し、テレウスに食べさせた。何も知らずにそれを食べたテレウスは、真実を知らされて二人を殺そうとしたが、姉妹は鳥に変身した。[12]

メデイアにせよ、プロクネとピロメラにせよ、復讐のために自らの子供を殺害するのである

11　アポロドーロス著、高津春繁訳『ギリシア神話』岩波文庫、１９５３年、62―67頁を参照した。
12　オウィディウス著、中村義也訳『変身物語』（上）岩波文庫、１９８１年、２４１―２５４頁を参照した。

が、その残酷さの背景には、母親自身と子供との分離がなされていないという母親側の心的状況があるように思う。

花房観音「風車の女」

現代の文学作品に目を移すと、花房観音の短編「風車の女」[13]に、ギリシャ神話の場合と比較できるところのある子殺しの女の話がある。水子の霊をまとわりつかせた女の話である。作者の花房観音は戸籍上の本名でバスガイドをしている。その仕事で知り合った同じバスガイドのマチ子についての話であるという。

滋賀県の名所の寺巡りの旅行で、水子供養で知られる寺に行った時のこと。マチ子は妊娠していた。子供が好きで、未婚だが結婚・出産を楽しみにしていると作者に話していた。その寺には水子地蔵が階段沿いに並び、それぞれが色とりどりの風車を手にしていた。客の老女がマチ子を見てふと言う、「あのガイドさん、（略）あれだけ足にまとわりつかせとったら、重いやろうに。私でも、大昔流したひとりの子がくっついてて時々邪魔するんよ。ここはたくさん仲

13 『女之怪談　実話系ホラーアンソロジー』角川春樹事務所、2015年、9—23頁。

間がおるから、嬉しくて現れるんやろうけどね」。[14] マチ子の周囲では、風もないのに、風車がくるくると回っていた。

その後判明したのは、マチ子は複数のバスの運転手との間に何人も子を作っては堕ろしていた。子供を作って結婚を迫るが、相手はたいてい不倫なのでうまくいかず、目的が達せられないと知るや、子供を堕ろしていたのだという。

マチ子にとって子供は結婚のための、もっと言えば自分自身の幸福のための道具でしかない。髪の毛を切るかのように気安く堕胎するのは、子と自分を一体化しているからだ。メデイアやプロクネとピロメラの話と、根本は同じだ。やはりこれも命を回収する恐るべき呑みこむ母の話と言えるだろう。

小野不由美『ゴーストハント2　人形の檻』

ここまでで取り上げてきたのは、自らの子供を自分の欲望のままに殺してしまう生身の女の話であった。次に、欲望のままに子供を殺すというところは同じでも、その殺害者が「幽霊」

14　花房、『女之怪談』、17頁。

である場合を考えてみたい。小野不由美の『ゴーストハント2　人形の檻』[15]である。

主人公の谷山麻衣は高校一年生。心霊現象の調査を行う渋谷サイキック・リサーチでアルバイトをしている。事務所に持ち込まれた依頼は、洋館の調査。物の位置が気づかぬうちに変わっていたり、地震だと思ったのに地震などなかったり、実害は少ないが気味の悪い現象が続いているという。依頼者の姪の礼美が人形のミニーと常に話をしているのも気がかりだ。麻衣らの一行は洋館の調査を始め、やがて怪異の全容が判明する。その家では古くから八歳前後の子供が死んでいた。しかし八歳前後の子供以外には危害がないのでわかりにくかったのだ。その子供たちの霊を、古い子供の霊である「ゆき」が束ね、さらにその奥に黒幕がいる。霊媒の原真砂子は言う、「とても暗い……暗くて悪いものです。真っ黒い穴のように見える……」[16]。

子供の霊のボス、ゆきは子供の霊を集め、仲間にする。一方の黒幕は「集めることだけを求めている」。その黒幕とは大島ひろ、その地で最初に死んだ八歳の娘、富子の母である。ひろは神隠しにあった（おそらく殺された）富子を捜して子供を集めていたのだ。最終的に、ひろは富子の「形代」を得て、成仏するという終わり方になっている。

この話の場合、子供の霊たちの黒幕である大島ひろが子供たちを殺す母、〈呑みこむ母〉で

15　メディアファクトリー、2011年。初出1989年。初出のヴァージョンに大幅なリライトがなされている。
16　小野、前掲書、326頁。

ある。行方不明になった我が子を、自分が死んだ後も長いあいだ求め続け、そのために子供の霊を集め続ける。原真砂子が彼女のことを、「真っ黒い穴のように見える」と表現しているのは意味深い。穴は、生と死の穴であろう。具体的には、生命を産み出し、そして回収する女性の陰部だ。恐るべき母性の暴走を表現した物語として見ることができる作品である。

今邑彩『赤いべべ着せよ…』

今邑彩の『赤いべべ着せよ…』[17]も、女による子供の殺害を扱った作品である。概略を紹介しよう。

本作品は不気味なわらべ歌から始まる。

こーとろ、ことろ／どの子をことろ／あの子をことろ／とるならとってみろ／こーとろ、ことろ

こーとろ、ことろ／子をとって、どうする／赤いべべ着せよ

17　中公文庫、2012年。初出1995年、角川ホラー文庫。

夜坂という街に伝わるこの歌は、「子とり鬼」という子供の遊びの歌だが、その背景には街の寺の観音に伝わる次のような鬼女伝説がある。

平安末期のこと、桜姫という公家の美女が、戦乱を逃れてこの地にやってきた。姫は身ごもっていて、やがて女の子が生まれた。女の子が幼女になったころ、鬼に娘をさらわれた。姫は我が子を捜し求め、鬼の家で娘の姿を見つけた。娘は赤い着物を着ているように見えた。しかし姫が娘を抱き起こそうとすると、娘は赤い着物を着ていたのではなく、腹を裂かれ、内臓を食い荒らされたあとであった。この時以来、姫は墓を掘り返して子供の遺体の臓腑を喰いあさるようになり、さらに人里に下りてきては里の子をさらって臓腑を食べるようになった。ある高僧が一体の観音像を彫り上げ、その中に鬼女と化した姫を封じ込めた。

主人公・千鶴の回想によると、二二年前、その寺の古井戸に女の子が首を絞められて投げ捨てられるという事件があった。ルリ子という名の女の子であった。犯人は捕まっていない。その二一年後、千鶴が故郷に帰る一年前にも同じような事件が起こっていた。被害者はみちるという名の女の子で、首を絞められて殺されたあと、古井戸に投げ込まれていた。

ルリ子の母で、町の坂の上に居を構える加賀家の妾であった道世は、ルリ子の死以来心を病み、しきりに花瓶に人形を押し込もうとする。道世の息子が言うには、道世は花瓶を自らの子宮に見立て、ルリ子の代わりである人形をもう一度その子宮に戻すことで、ルリ子を生まれる前の状態に戻そうとしている。[18]

その後、千鶴の周辺で、千鶴の友人たちの子供の不審死が二人、相次ぐ。殺された子供たちは、焼却炉や冷蔵庫といった、子宮の象徴といえるような密閉されたものの中に入れられていた。

結局、あとの二人の不審死は、千鶴の幼馴染である高村茂の妻・郁子の犯行であった。一年前に死んだ我が子みちるの恨みを晴らすため、その母親たちに自分と同じ思いをさせようとして、殺したのだった。

しかし真の結末は衝撃的で、実はみちるを殺したのは、郁子の義母である高村多喜子であった。みちるにとっては祖母である。二二年前のルリ子の殺害も多喜子の犯行であった。彼女は夫をほかの女に奪われたため、妾という立場にある道世を恨んでいた。また、多喜子は女の子を死産したのに、夫の浮気相手は女の子を産んで育てていた。多喜子は「妾の子」を殺し、そして老いて幻想の中で、自らの孫をも殺してしまったのであった。

最後の頁に、多喜子の胸の内がこのように書かれている。

これは死んで生まれたわたしの子だ。死んで生まれた子供はわたしの中に戻してしまおう。そうすれば、また生まれてくることができるもの……。

18　今邑、前掲書、115―117頁。

> 女は子供を抱き上げた。暗く深く暖かいところにこの子を戻そう。もう一度生まれてくるために。
> おうちへ帰るのよ……。
> 高村多喜子は孫の体を抱くと古井戸の方に歩いていった。[19]（傍点ママ）

道世が、壺に人形を押し込むことで、生命を取り戻そうとする行為は神話的である。神話において、壺や箱などの容器は、子宮を象徴するからだ。同じように、道世の子を殺し、自分の孫を殺した高村多喜子も、古井戸に子供の死体を投げ入れることで、生命の再生を想った。高村郁子が殺害した子供を焼却炉や冷蔵庫などの箱状のものの中に入れたのも、子供の子宮への回帰と再生を、無意識のうちに願ったのであろう。

ここで物語の最初に目を向けると、「母なるもの」の二面性がはっきりと描き出されていることに気づく。桜姫は、攫われた我が子を気も狂わんばかりに捜し求めた「子を想う善き母」である。しかし子を殺されると、その良き母性が反転し、子を喰らう「恐ろしい母」となる。高村郁子の犯罪は、桜姫のそれをなぞっている。母性は、ひとたび狂うととてつもなく凶暴なものになるのだ。

19　今邑、前掲書、３１５頁。

山岸凉子『鬼子母神』『スピンクス』『メディア』

漫画作品においても〈子を呑みこむ母〉がしばしば登場する。特に山岸凉子の漫画作品に多く出てくる。ここでは三つの作品を取り上げたい。

『鬼子母神』[20]の主人公・瑞季と兄は二卵性の双子である。兄は母の愛情を一身に受けて育った優等生、一方の妹は放任されて育ち、成績はいまひとつだが学校の人気者。やがて兄は有名進学高校に入るも、勉強で落ちこぼれ、不登校になる。大検を取りかろうじてM大に入学したが酒浸りの毎日。それでも母はひたすらに兄を甘やかす。妹は家を出て舞台女優としての道を進む。この話の最後に山岸は鬼子母神（ハーリーティー）の神話を出し、その上でこのように結ぶ。

「しかし見あたらなくなったあの末の子というのは／実は愛され過ぎたゆえに可利底《ハーリーティー》に食べられた子供だったのではないか」

ハーリーティーの神話とは、以下のようなものである。

20 『鬼子母神』潮出版社、2010年、6―54頁。初出1993年。

ハーリーティーはヤクシャのパーンチカの妻で、一万の子がいた。彼女は他人の子供らを喰らうことを常としていた。世尊は人々の頼みを受けて、ハーリーティーの末子ピンガラをさらって隠した。ハーリーティーは心を痛めて七日間捜し回ったが見つからないので、世尊のもとを訪れた。世尊が言うには、「お前は一万の子がいるのに、たった一人の子を失っただけで悲しんでいる。世間の人はせいぜい一人から一五人ほどの子供がいるだけなのに、お前はその子供らを喰らっているのだよ」。ハーリーティーは、ピンガラを返してくれたらもう子供を殺しませんと誓い、鉢の下に隠されていたピンガラを返してもらった。（後略）[21]

つまり山岸は、ピンガラは世尊（ブッダ）に隠されたのではなく、ハーリーティーが自ら呑みこんでしまったのではないか、したがってハーリーティーは他人の子らを食べるだけでなく、自分の子も、――愛ゆえに――、食べてしまう母である、という文学的解釈をしているわけだ。

この作品において、主人公の双子の兄はほとんど生きる屍である。その意味で、ハーリーティーに喩えられるこの母は、愛するがゆえに子と自分を分離不能なものとし、子を呑みこむ

21　『世界女神大事典』「ハーリーティー」（仏教）沖田執筆項目。

母である、ということができる。

次に紹介する「スピンクス」[22]という作品でも、母と息子の間の危険なまでの癒着が物語られる。主人公の青年は「魔女の館」にとらわれている。そこは真白で何もなく、逃げようにも扉がどこにもなく、イスもベッドもない。来る日も来る日もそこにいる。館の女主人はスピンクス。豊満な裸体の女性がライオンの尾を付けた姿で表現されている。スピンクスはしばしば青年のもとを訪ねる。青年はそれをひどく恐れている。ふと気づくと青年はベッドに寝ていて、スピンクスの抱擁に身を任せている。それは地獄のようでいて、彼女の腕は温かい。

ある時その館に待ち望んだ扉が出現し、人間が現れるが、青年はなぜか彼と共に出て行くことができない。スピンクスは言う。「悪い子供はここを出られないんだよ／そのうちわたしが食べてあげるからそれまでのしんぼうよ」。

絵によって、スピンクスと青年の性的関係が暗示され、同時に胎児の絵によって両者の親子関係も示される。

実は、青年がいた部屋は彼の閉ざされた心の中だったのである。精神科の医師の尽力で彼はスピンクスから逃れ、現実に立ち返る。スピンクスは彼の母であった。母は溺愛のあまり息子

22 『ハトシェプスト』文春文庫ビジュアル版、1998年、193―242頁。初出1979年。

を学校にも行かせず、息子が自立しようとするとその目の前で車に飛び込み自殺した。「鬼子母神」と同じように、過剰な愛により子の自立を妨げ、子が自立しようとすると自殺し、その死によって子を自らの内に取り込んだ、恐るべき母の姿が描かれている。

山岸作品における〈呑みこむ母〉の表現は、母と息子との関係にのみとどまるものではない。母と娘にもあてはまることが、「メディア」[23]という作品において表されている。

仲の良い母娘のようでいて、母は娘に強く執着している。母は大学生の娘の弁当を作り続け、それを娘に拒まれると極端に落ち込んで見せ、娘が弁当を受け入れると「お勤めしても作ってあげるからね」と張り切る。娘の就職先も勝手に決めてしまう。娘は母を負担に思っているが、母への愛情の故に切り捨てることができない。娘は夢の中で巨大な魚に呑みこまれようとして、魚を切り刻むが、この魚は母であった。娘は母を（心理的に）殺すことのないように、アメリカ留学の準備をひそかに進める。しかしそれを知った母は、娘を刺し殺し、自分も後を追う。作者はこのように結ぶ。「女が母親役にしがみついたとき」、子殺しが行われるのだと。

〈子を呑みこむ母〉は文学や漫画作品において様々に表現されるが、これが都市伝説の中に現

23　『押し入れ』講談社、１９９８年、47―95頁。初出１９９７年。

れた場合、どうなるのか。インターネット上に流布する「八尺様《はっしゃくさま》」を紹介しよう。

八尺様

高校二年の男性が祖父母のいる実家に帰省したときの事である。天気の良い日に広縁《ひろえん》でくつろいでいると、「ぽぽ、ぽっぽぽ、ぽ、ぽっ……」と変な音が聞こえる。人が発する音のように聞こえ、濁音とも半濁音ともとれるような音であった。音のする方を見てみると、庭の生垣の上に帽子が見え、それはそのまま横に移動していき、垣根の切れ目のところに来たところで、それが帽子をかぶった白いワンピースの女であることが分かった。生垣の高さは二メートルほど。そこから頭が出るほど長身の女性であることになる。そのうち女は視界から消えた。ぽぽぽという音もなくなっていた。祖父母にその話をすると、祖父母は顔色を変え、今日は泊まっていけと言う。祖母は、「八尺様に魅入られたのだよ」と説明した。

その辺りには「八尺様」という厄介なものがおり、八尺ほどの背丈の女の姿をしていて、「ぽぽぽ」とも「ぼぼぼ」ともつかないような声を出す。服装は様々だが、帽子をかぶっているのが特徴である。八尺様が移動できる場所は限られており、地蔵によって東西南北の境界から出ないように封印されている。

男性は二階の一室に隔離・幽閉され、翌朝七時までは絶対に出てはならないと言われた。祖父母は、自分たちが話しかけることは絶対にないから、呼ばれても出てきてはならない、と念を押した。部屋の窓は全て新聞紙で目張りされ、その上にお札が貼られ、四隅には盛塩が置かれている。木でできた箱の上には小さな仏像が乗っていた。

午前一時過ぎ、窓ガラスがコツコツと叩かれ、祖父の声で「おーい大丈夫か。こっち来てもええで」といわれたが、男性はそれが祖父の声ではないことにすぐに気付いた。その時ふと盛塩を見ると、上の方が黒く変色していた。男性は仏像のまえで必死に祈った。ぽぽぽという声が聞こえ、しきりに窓ガラスが叩かれる。男性はひたらすらに仏像に祈った。ふと気づくと夜が明けていた。盛塩はさらに黒く変化していた。

その後男性は九人乗りのワンボックスカーの真ん中に乗せられた。目を閉じて下を向いているようきつく言われた。車が発進してしばらくすると、ぽぽぽ……という声が聞こえた。女が車の中をのぞき込もうとしている。「見るな!」と言われて、慌ててぎゅっと目を瞑り、手にしていたお札を握りしめた。車の窓ガラスがコツコツ叩かれる。やがて、声と音が途切れ、八尺様の領域から抜け出した。[24]

24　https://matome.naver.jp/odai/2137388128163279401を参照した。

八尺様の被害者は成人前の男性、とくに子供であることが多いという。

また、八尺様の特徴は、なにより帽子だ。服装は様々だが、帽子をかぶっているという点は共通しているという。この、八尺様という怪異の本体とほぼ等しい価値をもつ帽子は、何を意味するのであろうか。

これについて、古川のり子の「姥皮」の昔話研究が参考になる。「姥皮」の話では、若くきれいな娘が、ヤマンバからもらった姥皮をかぶって老婆に姿を変え、大きな家で火たき婆をしている。ある時若旦那が火たき婆の部屋を覗くと美しい娘がいたので、以来恋煩い。若旦那の嫁探しが始まると、娘は姥皮を脱いでもとの姿にもどり、嫁になった。

この昔話の「姥皮」の意味について、古川は次のように分析する。


娘を覆う姥皮は、日本各地の伝承によっては「頭巾、綿帽子、蓑、着物」などと語られることもある。これらは、結婚の儀礼で花嫁の頭を覆う被り物としても古くから用いられてきたものである。今日の結婚式でも花嫁は、「角隠し、綿帽子、被衣《かつぎ》」などの独特な被り物を身につける。こうした被り物で頭や体を覆うのは、花嫁ばかりではない。たとえば葬式において死者は、「蓑笠」を被り、「三角の白い額紙、白布」などで頭や顔を覆う。また赤子の誕生の儀礼では、胞衣（子宮内で胎児を包む膜や胎盤）が「蓑笠」と呼ばれ、被り物の役割を担っていることが知られている。

つまり結婚、葬送、誕生という人生の最も重要な通過儀礼において、娘の世界から妻の世界へ、この世からあの世へ、あの世からこの世へと移動するとき、儀礼の主役たち（花嫁、死者、赤子）は共通して「特別な帽子」を被るのだ。

（中略）

通過儀礼の主役たちの被り物はまた、彼らを覆う母胎（子宮）としての意味を帯びている。胞衣に包まれた赤子の旅と同様に、嫁入り行列・野辺送りの道中は花嫁や死者がいったん死んで母の胎内にもどり新しい世界に再び生まれ出るための、死と再生（母胎回帰）の旅でもある。昔話・姥皮の娘が被る「姥皮」は、まさに「母の皮」であり、娘がその中で変容するための母胎としての役割を果たす。[25]

このような古川説に基づくと、八尺様の帽子は、子宮そのものであると考えてよいだろう。ただし、「姥皮」と異なり、帽子をかぶっているのは、儀礼の主役ではない。あえていうなら儀礼の授与者の方である。つまり八尺様は、儀礼において子宮や胞衣の意味を持つ帽子が、独立して怪異となったものと考えられる。しかしそれはもはや子供に儀礼を課す役割を果たさな

25 「姥皮の娘とタニシ息子の物語――『ハウルの動く城』――」『死生学年報』リトン、２０１３年、71―72頁。

い。ただ「呑みこむ子宮」としてのみ機能し、子供たちの生命を回収するのである。

『今昔物語集』

呑みこむ母の話については、手記や文学や心理学など、現代の作品や研究が多く見られるが、実は古いところにも見つかる。『今昔物語集』には、子を食べようとした母の話がある。

猟師の兄弟が木の上で獲物を待っていると、その木の上の方から手がさし下ろされ、兄を上に引っ張り上げようとする。兄が弟に助けを求めたので、弟は兄の声のする上の方を矢で射ると、手ごたえがあった。見てみると、兄を摑んだ腕が切り取られていた。兄弟はそれを持って家に帰った。帰宅すると、なぜか年老いた母親のうめき声が聞こえる。兄弟が怪しんで、切り取った腕を検分すると、母親の腕によく似ている。兄弟が母親の部屋に入ると、「お前らは、よくも、よくも」と言いながらつかみかかろうとしたので、兄弟は逃げていった。母親はそのあと間もなく死んだ。母親は、老いて鬼になって子を喰おうとしたのだった。[26]

このように「呑みこむ母」の話は、本章の冒頭で述べたように、とくに最近になってクロー

26　武石彰夫訳『今昔物語集　本朝世俗篇　下』講談社学術文庫、2016年、80―82頁を参照した。

ズアップされているが、『今昔物語集』のような古典にも表れるテーマである。その根底にあるのは古代の神話から途切れることなく現れる、生と死の二つの顔を持つ女神、母神の姿なのである。

「蛇の母」カドルー

古代インドの神話にも、子供を産み、同時にその子供らに自ら死を宣告する、怖い女神の話がある。「蛇の母」カドルーである。第三章のアルナのところで紹介した話であるが、もう一度詳しく見ていくことにしよう。

神々の時代のこと、創造神プラジャーパティの娘にカドルーとヴィナターという二人の美しい娘があった。この二人は共に聖仙カシュヤパの妻になった。カシュヤパはこの妻たちにとても満足したので、彼女たちの願いを叶えてやることにした。カドルーは千匹の蛇の息子を望んだ。ヴィナターは、カドルーの息子よりも優れた二人の息子を望んだ。しかしカシュヤパはヴィナターに、「一人半」の息子が授かるだろうと言った。そして彼は二人の妻に、それぞれの卵が生まれたら、それらに注意を払うように言ってから森に去った。

やがてカドルーは千個の卵を、ヴィナターは二個の卵を産んだ。召使たちはこの両者の卵を、温かく湿った容器の中に五百年間置いた。五百年後に、カドルーの千個の卵は孵化して、蛇たちが産まれた。しかしヴィナターの卵はまだ孵化しなかった。哀れな彼女は恥ずかしく思い、一つの卵を割って中を見た。子どもは、上半身は備えていたが下半身はまだなかった。アルナという名のこの子は母を恨み、五百年の間ライヴァルの奴隷となるという呪いを母にかけた。さらに、もう一つの卵が孵るのを冷静に待たなければならないこと、もしその子が偉大な力を持つことを望むなら、さらに五百年を待たなければならないことをヴィナターに告げた。それから彼は空に行って、暁となった（1, 14）。

ある時ヴィナターとカドルーは、神馬ウッチャイヒシュラヴァスの尾の色について賭けをして、負けた方が勝った方の奴隷となることを決めた。この時カドルーはいかさまをした。千匹の蛇の息子たちに、神馬の尾の中に入るよう命じたのだ。しかしこの命令を拒んだ蛇たちは呪われ、「ジャナメージャヤ王の蛇供犠において死ぬだろう」という運命を宣告された。結局カドルーのいかさまにより、ヴィナターが賭けに負けてカドルーの奴隷となった。

ちょうどその時、時が満ちて、ヴィナターの産んだ卵から、鳥王ガルダが自らの力によって誕生した。火のように輝く太陽に似たガルダは、全ての生類を恐れさせた。ガルダは母のもとへ行き、共にカドルーに仕えた。しかしある時ガルダは母が奴隷となったいきさつを知り、これを悲しんで、どうすれば奴隷の状態から解放されるのか、蛇たちに尋ねた。蛇たちは不死の飲料アムリタを求めた。ガルダは天界に行ってアムリタを盗み、インドラと共謀してアムリタを蛇たちに与えるふりをして彼らを欺き、母と自分を奴隷の状態から解放させた。この後ガルダはインドラの恩寵によって、蛇たちを食糧とする者となった（1, 18-30）。[27]

蛇は、本書でたびたび出てくるように、呑みこむ女と不可分の関係にある。蛇の母カドルーは千匹もの蛇を産むことで「大いなる母神」となった。しかし同時にカドルーはそれらの蛇に死の呪いをかけた。呪いによって蛇たちはジャナメージャヤ王の蛇供犠で火に焼かれて全滅しかかった。つまりカドルーは、自ら産み出した命を、呪いによって自らの内に回収する役割も果たす、生と死の女神であるのだ。

27　『マハーバーラタ』より。訳は筆者による。

愛する男を呑みこむ女 ——「あなたの一部だけあればいいの」

女の愛は子だけでなく男に向けられた時も、悲劇的様相を帯びる。実例がある。阿部定事件だ。一九三六年五月一八日、東京市荒川区の待合旅館で、一人の男性の遺体が発見された。その遺体はきわめて異様な様相を示していた。男は全裸で横たわっており、赤い腰ひもで首を絞められて殺害されていた。男の左太ももには「定 吉二人」と血で書かれており、布団にも「定吉二人きり」と血で書かれていた。男の左腕には「定」と刃物で刻まれていた。男は、男性器を根元から切断されていたが、切断された性器はその部屋からは発見されなかった。この男性は東京市中野区の鰻料理店「吉田屋」の主人、石田吉蔵（当時四二歳）であった。吉蔵と一緒に旅館に泊まっていたのが田中かよ、本名は阿部定。吉蔵を殺害し、性器を持ち去ったのは定であった。

定は一五歳の時に慶応大の学生に強姦され、以来、自分はどうせ嫁にも行けないのだからと、家の金を持ち出して悪い少年たちと遊び回り、多くの男性と関係を持つようになった。怒った父親は定を女衒に売ってしまう。一八歳で花柳界に入り、二六歳で遊郭を脱走するまで、彼女は各地を転々としながら働いた。三二歳の時、「田中かよ」の偽名で鰻屋の「吉田屋」に女中として勤め始めると、この吉田屋の主人である石田吉蔵と関係を持つようになる。その仲が、やがて石田の妻に露見し、二人は店から追い出され、放浪する。定は性行為の最中に戯れに吉蔵の首を絞めながら、吉蔵を独り占めするために、彼を殺すしかないと考えるようになる。そしてとうとう、五月一八日、寝ている吉蔵の首に紐を巻き付け、絞殺した。それだけでは吉蔵を自分のものにしたとはいえないと考え、彼の男性器を切り落とし、大事にしまい込み、冒頭のような血文字を書き、立ち去った。

その後逮捕された定は、切り取った性器についてこう語ったという。

「私の肌から離したくなかったんです。一番かわいい大事なものですから。」[28]

愛するがゆえに殺し、男性器を肌身離さず持つ。その心理はいかなるものか。容易には理解しがたいが、文学作品に目を移すと、よく似た話が見つかる。中でも最も凄惨なのが、五十嵐貴久の『リカ』[29]と、続編の『リターン』[30]であろう。まずは『リカ』から見ていくことにしよう。

28 http://ww5.tiki.ne.jp/~qyoshida/jikenbo/008abesada.htm
29 幻冬舎文庫、2003年、初出2002年、幻冬舎。
30 幻冬舎文庫、2015年。初出2013年、幻冬舎。

五十嵐貴久『リカ』『リターン』

主人公は平凡な会社員の本間隆雄。妻と娘の三人暮らしだ。妻子を大事に思っているものの、出来心で出会い系サイトを利用し、「リカ」という女性とメールのやり取りをするようになる。始めのうちは、本間はリカとのメールを楽しんでいた。携帯電話の番号も伝え、話をするようにもなり、最後には会う約束まで取り付けた。しかし次第にリカは恐るべきストーカーと化していく。最初は一二件の留守番電話。その後も携帯に何度もかけてきては、出ないと怒る。留守番電話の件数は二〇件、記録できるぎりぎりにまで達した。本間は会う約束を取りやめると告げたが、リカのメールは常軌を逸したものになり、願望と妄想がないまぜになったものとなっていった。本間は携帯電話を買い替え、リカとの関係は途切れたように思われた。しかしリカはしつこく本間を捜し続け、ついに本間は見つかってしまう。

リカの外見は恐ろしいものであった。一つ一つのパーツは美しいと言えるが、痩せた泥のような色の顔に、目と口と鼻が浮かんでいる。何より目に光がなく、引きずり込まれるような暗黒だ。本間はタクシーで逃げた。リカの魔の手は本間の娘に迫る。とうとう本間はリカと会い直接対決するが、リカに注射器で薬物を注入され動けなくなり、拉致される。一旦は警察に助けられるも、逃げ出したリカに再び拉致され、驚愕の結末を迎えることになる。この結末は、単行本の段階ではあまりの恐ろしさに掲載することができなかったという。文庫版では、その結末は菅原刑事の言葉で次のように述べられている。


「あの女は、ここで、この手術台で、被害者の、本間隆雄の体を、バラバラにしたんです」

「指を、手のひらを、肩から先を、足首を、脚を、あの女はすべて切り取ったんです。そして、まるでクリスマスツリーのオーナメントのように飾りつけたんです」

「きれいに揃えて、並べてあったんです。そこに。それだけじゃない。舌も、耳も、唇も、鼻もだ」

「あの女は、その作業を、麻酔をかけて、外科手術の要領でやってのけたんだ。あの女は全身麻酔をかけて、本間隆雄の体を切り刻んでいったんだぞ」

「本間隆雄は、それだけのことをされて、まだ生きているんだ」

「あの女は、話すことさえできなくなった本間隆雄を手に入れたんだ。何もかも、女の意のままになるしかない本間隆雄を。あの女は、本当の意味で本間を自分のものにしたんだ」[31]

31　『リカ』、395—397頁より一部引用した。

こうしてリカと、生ける屍となった本間との恐るべき共同生活が始まり、それは次作『リターン』によると、一〇年間続いたのだという。リカはそれほど長きにわたり、本間の世話をし続けたのだ。恐ろしくゆがんではいるが、愛ではあるのかもしれない。この愛は、母的な愛であるとも言える。そのような姿になった本間の世話は、それ自体骨の折れる仕事だろう。母が赤子の世話をするのに似ているように思われてならない。

続編『リターン』では、『リカ』の結末から一〇年が経過し、本間隆雄が死んで遺体が捨てられたところから話が始まる。かつてリカ事件を担当し、その衝撃の結末を見た菅原刑事は、精神を病み入院している。彼を慕う刑事・梅本尚美は毎月菅原の見舞いを欠かさない。梅本は同僚の青木孝子とともにリカ事件の捜査を続けている。尚美は捜査に失敗しリカに捕えられ片目を抉り出されるが、その場に駆けつけた孝子がリカを射殺する。

そして物語は終わる。尚美は菅原のもとへ報告に行く。反応はない。病院ではお荷物となっていた菅原を退院させる方向で動いていた。尚美は親族でもない彼の世話をすすんで引き受ける。ここからが真の恐怖だ。

（前略）（尚美の独白）わたしはベッドの上の彼を見つめた。体の奥から笑いが広がっていくのを感じた。

彼が意識を取り戻すことはないだろう。無反応のまま生きていくだけだ。

わたしがすべて世話をする。食事を与え、排泄の面倒を見る。入浴もさせよう。彼を完全な形で自分の物にするのだ。

一緒に暮らす。たくさん話しかけよう。何を話しても、彼はじっと聞いてくれる。それで十分だ。

愛していると伝えよう。彼は受け入れてくれる。わたしたちは愛し合える。愛とは、そういうことを言うのだ。

（中略）

「ただしさん」

わたしは下の名前で呼びかけた。愛し合う者同士なら、そう呼ぶだろう。ただしさん、と繰り返した。

「愛してるわ」

扉の向こうで足音が聞こえた。ただしを胸に抱きよせ、扉が開くのを待った。これ以上ない幸福をわたしは感じていた。[32]

32　『リターン』、３３０―３３２頁。

『リターン』の結末が表しているのは、女性による男性への異常な所有欲は、「リカ」という一人の特別な存在にのみ見られるのではないということだ。女は誰しも「リカ」になりうる。そこにこの作品の真の恐ろしさがある。「リカ」として、愛する男を呑みこみ、その残骸とともに幸福な日々を幻のうちに作り出す……。阿部定もリカも、男への愛情をその男の「部分」や「抜け殻」に向ける。自分だけのものになり、自分の意のままになる男の「部分」への強い愛だ。

オスカー・ワイルド『サロメ』

この種の女の代表格は、オスカー・ワイルドの名高いサロメであろう。ワイルド以前のサロメは、新約聖書に出てくる少女で、ヘロデ王の前で巧みに舞った報酬として、母親に従って洗礼者ヨハネの首を求めた。ワイルド版で

オーブリー・ビアズリーによるワイルド『サロメ』の装画、1894年

は、サロメ自身がヨハネ（ヨカナーン）の首を強く求める話となっている。

ワイルドによると、サロメは捕われの預言者ヨカナーンに恋をした。熱心に口づけを求めるサロメをヨカナーンは冷たく突き放す。サロメは、「何でも望みのものを与える」ことを条件にヘロデ王の前でエロティックな「七つのヴェールの踊り」を踊って、銀の皿に載せた「ヨカナーンの首」を求める。王は他の報酬を求めるように言うが、サロメはひたすらにヨカナーンの首を求めるばかり。ついに王はヨカナーンを斬首させる。サロメはヨカナーンの首に語りかけながら、口づけをする。その直後にヘロデ王によって殺される。[33]

サロメも、阿部定やリカと同種の女だ。男性への所有欲が高じ、その結果として男性の「部分」を偏愛し、その愛はやがて「部分」のみへの執着へと変わる。サロメは最初にヨカナーンに会った時から、唇へ興味を示し、執拗にキスを求めた。彼女は世の中の様々な赤いもの、柘榴の花や、ブドウを踏み搾る男たちの足や、神殿に住み着く鳩の足や、珊瑚など、そういったあらゆる赤いものよりもさらに赤い、ヨカナーンの唇に、口づけを求めた。そして最後の場面で、その願望は成就された。血の味、恋の味のするキスであった。ヨカナーンの「赤い」唇が、血に染まった彼の死という結末につながっている。こうしてサロメは自分自身と愛する男の命と引き換えに、愛を成就したのである。死という形で愛する男を自分のものにした、「呑みこむ女」

33　ワイルド、平野啓一郎訳『サロメ』光文社古典新訳文庫、２０１２年を参照した。

である。

山田宗樹「蟷螂の気持ち」

女たちの狂った愛の形は、昆虫の生殖と比べられることがある。山田宗樹の短編小説「蟷螂の気持ち」[34]を見てみよう。

優れた研究者である水原は、銀座のクラブで出会った美由紀という女のお眼鏡に適い、美由紀に「子種」を授ける役割を果たすことになる。美由紀は、結婚願望はないが子供だけは欲しいと望んでいるのだ。しかも優秀な男性の子供が欲しい。そこで選ばれたのが水原だった。研究者としても優秀だが、健康面にも全く問題がないという、理想の「雄」として。

二人は性交渉を重ね、やがて美由紀は妊娠し、しばらく音信不通になる。次に現れた時、美由紀は、妊娠の安定期に入っているので最後にセックスしたいと言ってくる。二人はホテルに入り、行為が終わると、水原がやはり結婚したい、と言い出す。そのころ、美由紀がウーロン茶に混ぜた睡眠薬が効いてきて、水原は意識がもうろうとしてくる。美由紀はハンドバッグから剃刀を出す。

34 『さむけ』祥伝社文庫、1999年、271—313頁。

水原は「螳螂の雄」であるのだ。雌に子種を植え付けたら、その雌に食べられてしまう運命の、螳螂の雄。薄れゆく意識の中で「まさか、俺を喰うつもりなのか……」と言う彼に、女は水原の優秀な遺伝子を独占するのは自分ひとりでよい、そのために殺すのだ、と言う。螳螂の雄も、雌が優秀な遺伝子を独占するためにその雌に殺されるのだからと。

「雄カマキリの気持ち、わかりましたか……」という美由紀の台詞で物語は閉じられる。

リカは本当に男を愛していたが、美由紀の場合は愛というよりは独占欲のために男を「呑みこむ」。どちらにせよ、独立した人格を持つ男は必要とされていない。「一部だけあればいい」の究極の形であるとも言えるだろう。

第九章　大量殺人鬼の女とトリックスター

木嶋佳苗と花房観音『黄泉醜女』

首都圏連続不審死事件、通称「婚活殺人事件」を覚えているだろうか。二〇一七年五月に死刑判決が出たばかりだ。木嶋佳苗死刑囚が次々と男性たちをだまして貢がせ、殺害していったこの事件を題材にとった作品がある。花房観音『黄泉醜女』[1]である。そこでは木嶋佳苗をモデルにした春海さくらと、さくらの取材をする官能小説家・桜川詩子という二重の構造によって、女の怖さが描かれる。

詩子はライターの木戸アミとともに、さくらに関連を持つ様々な女性を取材する。

1　扶桑社、二〇一五年。

・島村由布子・三九歳・人材派遣会社経営
子宮がないので子供ができない。そのために離婚した。金を与えて一二歳若い男をセックスフレンドにしている。仕事も金も自由も男も手に入れたが、本当は不安で仕方がない。

・佳田里美・四二歳・パートタイマー（主婦）
風俗で金を稼ぎ、整形した経験がある。夫と子供のいる生活に満足しているふりをして、ほんとうは満ち足りていない。木戸アミのような「働く都会の美人」に劣等感を持っている。

・高坂愛里香・五三歳・家事手伝い
春海さくらの被害者の姉。母親の介護に疲れ切っている。老いてこのまま朽ち果てていくであろう自分を、どうすることもできない。

・佐藤佳代子・六七歳・主婦
春海さくらの母。娘の性成熟が異様に早かったこと、娘が母を女として見ており、その上で蔑んでいたことを語る。さらに、夫の死が娘によるものかもしれないという疑念を口にし、もっと恐ろしいことに娘と夫の関係を疑っている。

・木戸アミ・三六歳・フリーライター

ここで、主人公と行動を共にする木戸アミが、実は春海さくらの被害者と関係があったことが明かされる。被害者と付き合っていた時期があったのだ。ところがその男を、自分よりもはるかに女として劣るはずの、醜い春海さくらに奪われた。その件で、アミの心はゆがんでいった。

男たちから金を搾り取り、そして死に導いたさくらは、〈男を呑みこむ女〉だ。その点では、タイトルの「黄泉醜女《よもつしこめ》」というよりは、その本体であるところの女神イザナミに等しい。男たちはさくらを「女神」と呼んだのであった。

本書は巧みな二重構造になっていて、木戸アミの視点から、主人公の桜川詩子もまた、さくらと同質的な呑みこむ女であることが明かされていく。容姿にめぐまれない詩子は自分の不幸でみじめな性体験を官能小説家としての話題作りに利用した。心の内では美しい女が年を取るにつれて美しさの恩恵からこぼれ落ちていくことをあざ笑っている。詩子と過去に関係を持った二人の男性が二人とも自殺していることも、木戸アミによれば疑わしい。さらに詩子は、男ばかりでなく、女を、木戸アミを、呑みこみ死へといざなおうとする。「あなたも死にたいんでしょ？　殺してあげようか？」[2]と。最後の頁に、桜川詩子を「命を喰らう」と表現していることからも、彼女が現代のイザナミであることが確信できる。

本作品は春海さくらと桜川詩子の同質性を描き出すと同時に、女の生きづらさについても問題提起している。

美人であるかどうか。

結婚しているかどうか。

産める・産めない、産む・産まない。

子供がいるかどうか。

仕事をしているかどうか。その仕事の「ランク」は。

介護の問題。

どこまでいっても、現代社会は女性にとって終わらない競争社会。女は生きている限り、戦っていなければいけないのか。

容姿は冴えないが、かえってそのことによって男たちを安心させ、貢がせて死に至らしめた春海さくらは、そして木嶋佳苗は、それらの競争を「超越」したところにある。それが、女性たちにとって脅威であるのだ。

2　花房、前掲書、275頁。

中山七里『嗤う淑女』

文学作品における女の殺人鬼としては、中山七里『嗤う淑女』[3]に現れる蒲生美智留が衝撃的である。幼児期からの父親による虐待で「悪意の塊」へと成長した、絶世の美女、蒲生美智留は関わる人々を次々と不幸に陥れ、金銭を搾り取り、死に至らしめる。ただし被害者は彼女の悪意に気づかず、彼女を教祖のように崇め、恋愛感情をも抱く。最終章で美智留はかつて自らが死に導いた従姉妹の野々宮恭子になり替わり自由を手に入れる。この蒲生美智留の話を以下に詳しくみていきたい。

『嗤う淑女』は以下のような章立てで展開される。

一　野々宮恭子

野々宮恭子は、中学の時、転入してきた絶世の美女の従姉妹、蒲生美智留と再会する。恭子が再生不良貧血という病気にかかり、骨髄移植が必要となった時、型の合った美智留がドナーとなった。これを機に恭子は美智留に心酔するようになる。美智留が父親から性的虐待を受けていることを知ると、二人で共謀して父親を殺害し、自殺に見せかける。この殺害の直後、震

3　実業之日本社、2015年。

える恭子に美智留は口づけをし、その素肌を愛撫するのであった。

二　鷺沼紗代

美智留と恭子は二七歳になっている。美智留はファイナンシャルプランナーの資格を持っている。鷺沼紗代は恭子の高校の同級生で、買い物依存症の銀行員。借金に苦しんでいるところを恭子と美智留に唆され、銀行に架空口座を作り、最終的に二億三千万を横領した。紗代は美智留に心酔しており、美智留を師と崇め、美智留との出会いは神の思し召しとまで思っていた。ところが架空口座からほとんどの金が知らぬうちに引き落とされ、二人にだまされたことを理解した紗代は電車に飛び込んで自殺した。

三　野々宮弘樹

美智留と恭子は二九歳。二人は一時的に恭子の実家に居候している。恭子の弟・弘樹は親元で働きながら父への鬱憤をためていた。そこに、恭子と美智留の性的関係を覗き見て、姉への憎悪を駆り立てられる。美智留に恋愛感情を抱いていた弘樹は、美智留の「(精神的)父殺しによる自我の確立」という言葉に唆され、また美智留に抱きつかれて「恭子から助けてほしい」と頼まれたことで、「邪魔者」の殺害を決意。まずは姉、次に父を惨殺。美智留は恭子から自由になり、姿を消した。

四　古巻佳恵

会社をリストラされて作家を目指す夫・登志雄をうとましく思いながらも、二人の娘のためにパートと家事に追われる日々を過ごす佳恵。友人に紹介されて「生活プランナー」を名乗る美智留に相談を持ちかける。この時美智留は三〇代半ば頃になっている。美智留は親身に相談に乗るようにみせかけ、巧みに佳恵を操り、まずは夫の死亡保険金を三〇〇〇万から三億に増額させる。その結果増大した毎月の掛け金に苦しむ佳恵は、再び美智留に唆されて飲酒運転による事故にみせかけて夫を殺害する。しかしこのたくらみは失敗に終わり、佳恵は警察に捕まり、蒲生美智留の悪事が明るみに出る。

五　蒲生美智留

警察は美智留の捜査を始める。鷺沼紗代の事件を調べると、自殺と思われていた紗代は、実は美智留によって線路に突き落とされて殺されていたことが、画像が残っていたためにはっきりと分かった。これが決定打となり、美智留は逮捕される。弁護士が呼ばれ、やがて法廷が開かれる。ここで驚愕の証言が形成外科の医師によってなされる。美智留は実は野々宮恭子であるというのだ。つまり野々宮弘樹が殺害したのは実は美智留で、顔にパックをしていたのでどちらか分からなかった。その後、恭子は憧れの美智留の顔に整形し、美智留として生きることになった。したがって野々宮恭子にはいかなる罪もない、というのだ。美智留と恭子は中学の時の骨髄移植によって血液DNAも同じ。こうして美智留は恭子として無罪を獲得した。

実は美智留は、鷺沼紗代の事件ののち、逮捕される可能性に思い至り、恭子の顔にいったん整形し、恭子が殺害されたのち、再び自分の顔に戻していた。美智留の逮捕は、彼女自身の過去を浄化するための、入念な計画の内であったのだ。

こうして、自由になった蒲生美智留は、嗤う。

この最終章は圧巻である。美智留はかつて自ら死に導いた従姉妹の野々宮恭子になり替わる。そのための準備はなんと中学の時に美知留がドナーとなった骨髄移植である。これを利用した裁判で彼女は過去をリセットして「恭子」に変身し、新たな人生を手に入れた。このような美智留の見事な「変身」と、繰り返し行われた巧妙な詐術は、神話でトリックと詐術と変身を得意とする「いたずらものの神」トリックスターに通じるものがある。彼女はゲルマン神話の名高いトリックスターのロキや、日本神話のトリックスターの女神アマノサグメと似ている。

トリックスター　ロキ、アマノサグメ

ここで、ロキとアマノサグメの神話を見てみることにしよう。まずロキであるが、ゲルマン神話の悪意ある悪戯者の神である。世界を滅亡に向かわせる役割を果たす次のような神話がある。

「バルドルの死」

バルドルはオージンとフリッグの息子である。容姿端麗で明るく輝き、アース神族の中で最も賢く、雄弁で、いつくしみ深い。

バルドルはある日、自分の命について重大な夢を見た。彼がその夢をアースたちに告げると、彼らはそろって相談し、バルドルのためにありとあらゆる危険からの安全保障を求めた。母のフリッグが、火と水、鉄とあらゆる金属、岩石、大地、樹木、病、動物、鳥、毒、蛇がバルドルに害をなさないことの誓いを取った。この誓いが確かに実行されたのを確認すると、アースたちはバルドルを集会所に立たせ、彼に弓を射たり、斬りつけたり、石を投げたりした。しかし何をされようともバルドルを害するものは何一つなかった。これはアースたちには大きな栄誉に思われた。

しかしロキは気に入らなかった。彼は女に化けてフリッグの所に行き、「本当にあらゆるものが、バルドルに害をなさないと誓ったのでしょうか」と尋ねると、フリッグは、「ヴァルホルの西に一本の若木が生えていて、ヤドリギと呼ばれています。これは誓いを要求するには若すぎると、私は思いました」と言った。女に化けたロキは立ち去り、ヤドリギをつかんで引き抜き、集会所へ行った。盲目のホズが神々の輪の外に立っていた。ロキは彼に話しかけ、「私が君に、バルドルの立っているところを教えるから、この枝を彼に投げつけて、彼に敬意を表しなさい」と唆した。ホズはヤドリギを受取り、ロキの指示通りバルドルに投げた。ヤドリギはバルドルを貫き通し、彼は息絶えて大地に倒れた。

最大の悲劇が神々と人間に起こったのである。神々は悲しみのあまり涙にくれて口をきくこともできなかった。なかでもオージンは、バルドルの死がアース神にとってどれほどの損失であるかよく承知していたので、とりわけ痛手であった。

アースたちの中の勇士ヘルモーズが冥界の女王ヘルのもとへ行き、バルドルのための身代金を払って、帰してもらえないかどうかやってみようということになった。ヘルモーズはオージンの馬スレイプニルに乗って冥界へ行った。ヘルの屋敷の大広間に、バルドルが高座に腰掛けているのが見えた。ヘルモーズはヘルに、バルドルを帰して欲しいと頼み、どれほど多くの涙が彼のために流されているか語った。するとヘルは条件をつけた。「もしも世界中のもの、生きているものも死んでいるものも、彼のために涙を流したなら、彼はアースたちのもとに帰してやろう。だが、もし誰かが反対したり涙を流そうとしなかったなら、この冥界に留まらせる。」

ヘルモーズが帰還すると、神々は使者を全世界に送り、バルドルのために泣いてくれるよう求めた。そして、すべてのものが泣いた。人間も生き物も大地も岩石も火もあらゆる金属も。しかし洞窟にいる女巨人だけは泣かなかった。この女巨人はロキであると、人々は考えている。[4]

ロキはこのように、ただ「気に入らない」というだけで自分の手を汚さずにバルドル殺害を実行に移し、バルドルの復活の可能性をも奪った。そしてこの事件は神々と巨人族の最終戦争「ラグナロク」につらなる最初の事件となる。このことからもロキが、争いを煽り導く悪意に満ちたトリックスターであることがわかる。

次にアマノサグメであるが、日本神話で天界の使者アメワカヒコの死を導いた、悪意ある女神である。その神話は次のようなものである。

4 菅原邦城『北欧神話』東京書籍、1984年、200—208頁を参照した。

「アメワカヒコとアマノサグメ」(『古事記』)

天上の最高女神アマテラスは、地上の葦原中国を自分の息子のアメノオシホミミ(スサノヲとのウケヒによって生まれた最初の子)に統治させようと考えて、オシホミミを高天原から地上へ向かわせた。しかしオシホミミは、地上の様子がひどく騒がしいと言って高天原に帰ってきてしまった。

そこでタカミムスヒとアマテラスは、知恵にすぐれたオモヒカネに対策を考えさせ、アメノホヒという神を遣わして、中つ国の乱暴な神々を説得させようとした。しかしアメノホヒはオホクニヌシに媚びへつらって、三年たっても高天原に何の連絡もしなかった。

次にタカミムスヒとアマテラスは、またオモヒカネや他の神々と相談して、今度はアメワカヒコという神を遣わすことにした。神々は弓と矢をアメワカヒコに授けて、地上に遣わした。ところがアメワカヒコは、中つ国に着くと、オホクニヌシの娘シタテルヒメを娶り、その国を自分のものにしようと企んで、八年たっても天に報告をしなかった。

アマテラスとタカミムスヒは、大勢の神々と相談し、鳴女という名の雉を遣わすことにした。鳴女は、葦原中国に降りてきて、アメワカヒコの家の前の神聖な桂の木の上にとまり、「あなたは葦原中国の荒ぶる神々を服従させるために遣わされたのに、なぜ八年たっても何の報告もしないのか」と、高天原の神々の言葉を伝えた。

その時、アマノサグメという女神がその鳥の鳴くのを聞いて、その鳥は不吉だから殺してしまいなさい、とアメワカヒコに勧めた。アメワカヒコは、天の神々から授かった弓矢で、その雉を射殺してしまった。

雉の胸を貫いたその矢は、逆さまに天まで昇っていき、天の安の河原にいるアマテラスとタカミムスヒのもとに達した。タカミムスヒは、かつてアメワカヒコに授けたその矢に血がついているのを見て、「もしアメワカヒコが命令に背かずに、悪い神を射た矢がここまで飛んできたのなら、この矢はアメワカヒコに当たるな。もし邪心を抱いているのならば、アメワカヒコはこの矢に当たって死ね」という呪いをかけて、その矢を飛んできた方向に向かって投げ返すと、アメワカヒコの胸に命中し、命を奪った。これが返し矢の始まりである。

アマノサグメは、天からの正しい伝言を「不吉なものだ」とあべこべにアメワカヒコに伝え、アメワカヒコに使者である鳥を殺させた。そしてそのことが翻ってアメワカヒコ自身の死に繋がる。自らは手を下さずにアメワカヒコを死に導いた、不気味なトリックスターとしてのアマノサグメが描かれている。

このように神話のトリックスターであるロキやアマノサグメと、「悪意」「騙す」「殺害」などの点でよく似た蒲生美智留のような殺人鬼の女は、現代版トリックスターであるといえる。

神話において、トリックスターはアマノサグメのような少数の例外を除き、ほとんど男神・雄（動物のトリックスターも多い）である。しかし現代の殺人鬼としてのトリックスターは女性が目立つ。それは、現代における新たなトリックスターの神話表現であり、大いなる生と死の女神の一つの変形であるといえるだろう。このことは、次に見ていくゲルマンの大女神・フレイヤと現代の女トリックスターとの類似から見て取ることができる。

「悪意」に満ちた「魔術師」フレイヤ

フレイヤは生と死、愛と闘い、豊穣と黒魔法（セイズ）という両極にある事象を共に司り、命を与え、回収する「呑みこむ」女神である。次のエッダ詩にあるように、フレイヤは戦死者の半分を得るのだという。

フォールクヴァングという所あり、
そこではフレイヤが
館で席を定める。
戦死者の半分を

彼女は日ごと選《よ》りとり
あとの半分はオージンのもの。[5]

また、ロキはフレイヤの悪口を並べ立てる中で、次のような発言をしている。

だまれ、フレイヤよ、
あんたは悪意に満ちみちた
魔法で害なす女だ。[6]

ここではフレイヤの「悪意」と「害をなす魔法」について言及されている。
さらにフレイヤは、太古の不気味な巫女、ヘイズと同一の存在である可能性もある。ヘイズについては、「巫女の予言」に以下のように詠われている。

彼女が家を訪ねたところで

5　「グリームニルのことば」14．菅原、前掲書、263頁から引用した。
6　「ロキの口論」32．菅原、前掲書、264頁から引用した。

彼らは彼女をヘイズと呼んだ、
予言をよくする巫女を。
彼女は杖どもに魔力を与えた。
彼女はできる所でセイズをかけた、
恍惚としてセイズをかけた。
彼女はいつも
悪い女どもの歓びだった。[7]

このように、フレイヤは美しい愛の女神であるだけでなく、不気味な「悪意」に満ちた「魔術師」でもあることがわかる。蒲生美智留の悪意や、魔術がかった雄弁、そして何より男女問わず魅惑する際立った美しさは、神話のフレイヤにも連なるように思われる。

柴田哲孝『砂丘の蛙』

7　「巫女の予言」22．菅原、前掲書、266頁から引用した。

大量殺人鬼の女の話としては、柴田哲孝『砂丘の蛙』[8]も強烈に印象に残る小説だ。殺人罪で九年間千葉刑務所で刑期を務め、釈放されたばかりの崎津直也が、神戸で殺害された。この事件を片倉という老刑事が追う。調べるにつれて、崎津の周辺で不審な行方不明者や死者が多いことがわかってくる。そして最後にたどりついたのが、「井戸垣清美」という女だった。スナックを経営する清美の周辺では、清美への借金の借用書を盾に取った「疑似家族」が形成されていた。この疑似家族に属する女たちはスナックで働かされ、売春を強要される。男たちは借金の取り立てや、脅しの役を担っていた。疑似家族から逃げ出したものは、執拗に追跡されて連れ戻され、何日にも及ぶリンチを受けて、命を落とす。

本書のタイトルは、崎津直也が真相を知らせようとして片倉刑事にあてた、次のような手紙の文に基づいている。

〈──最近、私は、思うことがあります。自分は人間などではなく、本当は砂丘の中の小さな水溜りに棲む一匹の蛙にすぎないのではなかったのかと。

せっかく春に生を受け、狭い世界で育ったとしても、夏に水が乾けば干涸《ひから》びて死んでしまう。そうかと思って外の世界へと逃げようとしても、やはり砂丘を越えることはできず

8　光文社、2016年。

に途中で干涸びて死んでしまう。どうせ干涸びて死んでしまう運命なのに、どうして自分はこの世に生まれてきてしまったのだろうかと。

そして、自分だけではない。私と同じような境遇の者が、この世には人に知られることなく、沢山生きている。砂丘の中の小さな水溜りから逃げることもできずに、運命の中でもがきながら、干涸びて死んでいく。

そんな蛙の木乃伊《ミイラ》が、砂丘の砂の下には死屍累々と埋まっているのです――〉[9]

この詩的な手紙の文章は、実は真実を告げるものであった。実際に鳥取砂丘の下に、井戸垣清美の犠牲者が死屍累々と埋まっていたのだ。埋められた犠牲者の数は、確認できただけで九名。清美もまた、悪意の塊としての、死をもたらす女だったのである。

このような女が現実にもいるということは作中でも言及されている。二〇一二年の、兵庫県尼崎市の事件だ。当時六〇代だった主犯格の角田美代子元被告を中心とした疑似家族の中で、監禁や虐待、暴行が行われ、多くの人間が、失踪、死亡、行方不明になった。死亡者は確認されただけで八名。殺人や傷害致死などで主犯格の女を含めてその親族など一八名が逮捕され、うち一一名が起訴された。不思議なことに、犠牲者の多くは、「逃げようとしなかった」のだ

9　柴田、前掲書、78―79頁。

という。深いマインドコントロール状態にあったと思われる。角田元被告も、作品の中の井戸垣も、マインドコントロールという一種の魔術を用いる、フレイヤ的な不気味な女であるのだ。

吉田恭教『可視《み》える』

吉田恭教の『可視える』[10]も見境なく人を殺害する女の話だ。サイコパスの女が女性を次々に惨殺していく。その殺し方が極めて凄惨なことが特徴である。なぜむごたらしさを極めたような殺し方をするのかというと、怖い幽霊画を描くため。

ある男が、自分が殺した妻の亡霊に苦しみながら、その妻を絵に描いた。その世にも恐ろしい幽霊画を見た女が、それなら自分も人を殺して、殺される間際の人間の恨みのこもった目を実際に見て、男の幽霊画を凌駕するような幽霊画を描こうとした。そして実際にその幽霊画は描かれ、犯人の望み通りの仕上がりとなった。

本作品で、幽霊は絵の中にしか出てこない。しかし幽霊よりも恐ろしいものがこの世にいる。それが、幽霊画のために殺人鬼となった女なのだ。動機にはほかに、恋人を奪われた恨みというのもある。どちらにせよ、殺人を犯すには軽すぎる動機だ。その軽さこそが、本作品の怖さ

10　南雲堂、2015年。

をいっそう高めているといえるだろう。

死神のような女

女たちは、怪異として現れて多くの死をもたらすこともある。つまり女の死神である。例えば寛延四（一七五一）年に集成された『万世百物語』の一遍では、疫病をもたらす「もの」が女の姿をしていることになっている。

「疫神、船に乗る」

天正八年、天下に疫病が流行って大勢の人が斃れた。その年の初夏のある日、近江の瀬田の渡し場に、大津の方から京の都の者と見える品のよい若い女がやって来て、渡し船を所望した。夕暮れにさしかかり、向かい風であったが、船頭は船を出した。女は向こう岸に着くまでと言って、苫を頭からかぶって横になった。ところが船頭が見ると、苫の下に女がいるようなふくらみがない。不思議に思って少しめくってみると、そこには多くの蛇がもつれ折り重なっていた。千あまりほどもいただろう。船頭は恐ろしくて、岸についても船賃を受け取ることができない。女は笑って、「まあ、見たのね。でもこのことは人に話しちゃだめ、絶対に。私は蛇疫の神なの。

今京都から草津の里に行くところ」と言って竹の茂みに入っていった。その夏、草津の一つの村が残らず疫病にかかり、七百人以上が死んだ。京都では、春から夏にかけては多くの死者が出たが、その後はおさまって何事もなかった。[11]

第五章で取り上げたように、恐ろしい女はしばしば蛇でもあるのだが、この古典の話においても、多くの死をもたらす疫神が、女でありなおかつ蛇でもあるとされている。

何人かが集まって怪談を語り、蠟燭を一本ずつ消していく「百物語」では、最後の蠟燭を消すと福の神が現れるともされるが、実は「百物語」の最後に現れるのも、古くはどうやら女であり、しかも死神のように命を奪う。次のような話がある。

ある寺の小僧が友達を集めて百物語をしようと、蠟燭百本を点して本堂に立て並べた。別室で怪談を一話終わると話手が本堂へ行って蠟燭を一本吹き消して帰る。臆病者から先にやり、だんだん剛の者に廻る。最後に小僧と庄屋の息子と刀屋の息子が残った。灯は二本となり一本となりついに最後の灯も消えた。先にすんだ人々は終わり次第家に帰ったが、残った人々は今

11 『万世百物語』第四「疫神の便船」より。山ン本眞樹編『怪の壺　あやしい古典文学』学研、２０１０年、20—21頁を参照した。

やっと済んだところ。夜は大層ふけている。小僧のすすめで二人は寺に泊まった。

庄屋の息子が目を覚ますと、ものの気配がする。小僧の夜着の袖から細目に見ていると幽霊がうらめしそうに小僧の夜着を持ち上げふうと吹いて去った。暫くするとまた来て刀屋の息子をふうと吹いて去った。そこで二人の名を呼ぶが返事がない。もう死んでいる。今度は自分の番かと心配していたら鶏が鳴いたので安心して家に帰り、氏神に祈りに行った。ところが帰りがけにいつも同じ女に会う。願が切れた頃には何となく心安くなりついにその女と夫婦になった。ある晩、妻が勝手に行って帰ってこないから覗いてみると、昨年寺で見た幽霊そのままの顔で火を吹いていた。百物語は去年のその日であった。妻は夫に走りより、一跨ぎにふうと吹く。夫は絶命した。[12]

百物語で一本一本の蠟燭の火を吹き消す、そのように人の命を「ふうと吹いて」消すのも、やはり、女の幽霊であるのだ。[13]
これらの死をもたらす女たち、死神の役割を果たす女たちの存在からは、「死」が女性の管

12　小山真夫編『小県郡民譚集』1933年4月。野村純一「「百物語」の位置―話の場とその設定」『怪異伝承を読み解く』大島廣志編、別冊アーツアンドクラフツ、2016年、144―145頁を参照した。
13　息をふきかけるという「しぐさ」については、常光徹『しぐさの民俗学』角川ソフィア文庫、2016年、第一章に詳しい。初出2006年、ミネルヴァ書房。

轄領域であることがうかがわれる。「生んだからには、殺さねばならない」、命を回収しなければならないという神話的思考である。

第一〇章　怖い母性

生命の回収

第六章でみたように、「リング」の貞子は「ゆがんだ母性」を持ち、自己の増殖を求め、他者の命を次々に奪うのであるが、このような女神や女性や女性霊の「生命の回収」の役割は、心理学からも説明が可能である。ユング派の心理学者・河合隼雄は次のように述べる。

母性の原理は「包含《ほうがん》する」機能によって示される。それはすべてのものを良きにつけ悪しきにつけ包みこんでしまい、そこではすべてのものが絶対的な平等性をもつ。「わが子であるかぎり」すべて平等に可愛いのであり、それは子どもの個性や能力とは関係のないことである。しかしながら、母親は子どもが勝手に母の膝下を離れることを許さない。

> それは子どもの危険を守るためでもあるし、母―子一体という根本原理の破壊を許さぬためといってもよい。このようなとき、時に動物の母親が実際にすることがあるが、母は子どもを呑《の》みこんでしまうのである。
> 　かくて、母性原理はその肯定的な面においては、生み育てるものであり、否定的には、呑みこみ、しがみつきして、死に至らしめる面をもっている。[1]

　つまり女神／女性は子供を産み、それと同時に呑みこむ＝回収する存在でもあるのだ。生と死の両方の役割を持つのである。

　次いで河合は、ユングが述べる三つの「母性の本質」を挙げる。その三つとは、①慈しみ育てること、②狂宴的な情動性、③暗黒の深さ、である。その上で③について河合は次のように補足する。

> 　ここに、暗黒の深さは何ものも区別しない平等性と、すべてのものを呑みこむ恐ろしさを示している。[2]

1　河合隼雄『母性社会日本の病理』講談社プラスアルファ文庫、1997年、19―20頁。初出1976年、中央公論社。
2　河合、前掲書、20頁。

母の平等性と、呑みこむ恐怖を表す暗闇とは、母胎の暗闇を意味しているのではないだろうか。そこから全ての生命が平等に生まれ、そして全てが平等にそこへ帰っていく場所としての、母胎。

このような母性の本質に対し、父性の本質は次のように説明される。

これに対して、父性原理は「切断する」機能にその特性を示す。それはすべてのものを切断し分割する。主体と客体、善と悪、上と下などに分類し、母性がすべての子どもを平等に扱うのに対して、子どもをその能力や個性に応じて類別する。[3]

母性原理と父性原理という相対立する原理は、世界の宗教、道徳、法律などの根本において、ある程度融合しながらも、どちらかが優勢で片方が抑圧される形で存在しており、日本は、母性的な面を優勢とする傾向にあるという。[4] このことは明らかに、日本の怪談における女性霊優位と関係があるだろう。

3　河合、前掲書、20頁。
4　河合、前掲書、21頁。

さらに河合は、神話における原初の時を象徴するウロボロスについてのノイマンの研究に言及する。

ウロボロスは、自らの尾を呑みこんで円状をなしている蛇で表され、その存在はバビロン、メソポタミア、グノーシス主義など、アフリカ、インド、メキシコにも認められ、ほぼ世界的に遍在している。（略）

このウロボロス的な未分化な全体性の中に、自我がその萌芽を現すとき、世界はグレートマザー（太母）の姿をとって顕現する。グレートマザーの像は全世界の神話の中で重要な地位を占めている。その像は、この論の初めに母性原理として述べたことを体現しているものである。（筆者注：呑みこむ母のこと）

（中略）

わが国におけるグレートマザーの例をあげるならば、何でも受けいれ、育ててくれる像としては、（略）観音菩薩がその一例であるし、何ものも呑みこむ恐ろしいグレートマザー像としては、牛も荷車までも呑みこんでしまうような山姥などをあげることができる。あるいは、鬼子母などはグレートマザーの二面性を如実に示しているものということができる。[5]

呑みこむ母のイメージを体現するのが尾を咥えた「蛇」であることは重要である。本書で繰り返し取り上げたように、蛇は古くから女神の顕れであり、女性霊や女の怪物は多く蛇の姿を取る。

貴志祐介『黒い家』

河合によって紹介された、ユングのいう三つめの「母性の本質」である「母性の暗黒の深さ」を貴志祐介の小説『黒い家』[6]が見事に表現している。

本作品は要するに「呑みこむ太母」の話である。この場合、「呑みこむ女」は生身の人間の女で、保険金を得るために子供や夫を次々と殺害する。その女の自宅、「黒い家」はものすごい臭気ただよう「死の家」だ。物語終盤ではそこから死体が多数発見される。

主人公・若槻が見る蜘蛛の夢が、この女が太母元型を体現していることを表している。夢は

5　河合、前掲書、32頁。
6　角川ホラー文庫、1998年。初出1997年、角川書店。

はじめ、暗闇の中で巨大な蜘蛛の巣を見るところから始まる。

彼は、どこか洞窟のような場所でたたずんでいる。なぜか、そこが『死の国』であるという気がしていた。目の前には見たこともないほど巨大な蜘蛛の巣がかかっている。[7]

何度か同じ夢を見て、とうとう夢は次の段階に入る。蜘蛛の巣に、蜘蛛が帰ってくるのだ。その様子は、次のように描写されている。

それは、風船のように膨らんだ腹部と八本の節くれだった長い肢を持った生き物だった。巨大な蜘蛛……。ただし顔は違っていた。下ぶくれでひどく鈍重で陰気な女の顔。彫刻刀の切り込みのような目。[8]

若槻はこれを「女郎蜘蛛」だと思い込んだ。「心がない」母親を表す、女郎蜘蛛なのだという。そして、夢は続く。

7　貴志、前掲書、126—127頁。
8　貴志、前掲書、264—265頁。

女郎蜘蛛はぐるぐる巻きになった我が子の骸を引き上げると首筋に食らいついた。死んでいるはずの子供がかっと目を見開いた。鮮血がほとばしり、女郎蜘蛛の口元からたらたらと滴る。

女郎蜘蛛は苦痛に身を震わせている子供には一切おかまいなしに、舌鼓を打ちながら肉を食いちぎっては咀嚼しうまそうに喉を鳴らして呑み込んだ。

彼らは自分の子供に愛情を抱かない、という声が聞こえてきた。

心がない。[9]

若槻はこの夢を見た後、蜘蛛が心理学において「太母」を表すことを思い出す。その場面は、次のように記されている。

やはりそうだ。『蜘蛛』というのは、世界、運命、成長と死、破壊と再生などを表す一方、夢の中においては、人類の集合的無意識の中で母親のイメージを表す元型である『太《たい》

9　貴志、前掲書、265頁。

母《ぼ》』のシンボルなのだ。[10]

そして、『太母』について、河合の研究から確認したのと同様の内容が、本作品においても次のように記されている。

ユングによれば、『太母』は『母親らしい心くばり、いたわり。女性特有の呪術的な権威。理性を超えた知恵と霊的高揚。助けとなる本能、衝動。慈悲深いものすべて。育《はぐく》み、支え、成長と豊饒《ほうじょう》を促進するすべてのもの』などという肯定的な面と、『すべての秘密。隠蔽《いんぺい》。暗黒。奈落。死者の国。呑み込み、誘惑し、害をなし、運命のように逃れられない、身の毛のよだつもののすべて』などと形容される暗黒面とを兼ね備えている。[11]

この恐るべき蜘蛛の女神が、『黒い家』という作品においては菰田幸子という異常者の女として現れ、「心がない」かのように身内を次々と殺害することで、その「呑みこむ」役割を見事に果たすのである。

10 貴志、前掲書、266頁。
11 貴志、前掲書、266頁。

貞子の「母性」

ここで貞子に立ち返ってみよう。河合のいう「母性」に照らすと、人々の生命を呪いという形で回収し、自己の完全コピーである「子供たち」を殖やす貞子は、やはり母性を持つ女であると言えるだろう。しかしその母性は「増殖」の面においていびつさを見せている。自己の完全コピーを「子」とするのは、きわめて怖いことである。これは本書の第七章と第八章で扱った母娘一体の問題にもかかわるものである。第一、単一のＤＮＡに満ちた種族は、生物学的にあまりに脆弱であるので、そのような生命にあふれた世界は、近いうちに破滅を余儀なくされる。そのことは三作目『ループ』に描かれている通りである。あるいはそれすらも、貞子の呑みこむ力のなせる業か。世界を平等に単一化することで、最終的に世界そのものを呑みこみ、回収する……。

澤村伊智『ぼぎわんが、来る』

他の小説に目を移すと、分析対象としてはやや難しい側面もあるが、澤村伊智の『ぼぎわんが、来る』[12]にも、恐るべき母とみなしてよいような化物が出てくる。「ぼぎわん」は女性の姿で玄関を訪れ、家人の名を呼ぶ化物である。これに返事をしてはならない。もし入って来られたら、「山に連れて行かれる」。勝手口に来られたら、お終い。

第一章の主人公・田原の家に憑いているようだ。その正体は、ばらばらに歯の生えた巨大な「口」であることが終盤で明らかにされる。襲われると獣に咬まれたような傷になり、衰弱して命を落とす。

家庭生活に苦しむ女性——さらに言うと、夫に苦しめられる女性の恨みを糧に出現するようである。田原の祖母、次には田原の妻。その田原はぼぎわんに顔を齧り取られて死ぬ。その子供も、母親の懸命の努力にもかかわらず、ぼぎわんに連れ去られる。物語終盤で、ぼぎわんの正体が、口減らしのために殺された子供であることが示唆されるが、このあたりは、物語上、女性の姿で、女性の恨みを受けて現れるという特性との整合性が曖昧である。この特性についてもう少し掘り下げてほしかったところだが、物語後半は、超絶的な力を持つ霊能者の女性と、ぼぎわんとの死闘に描写が費やされ、物語の閉じ方もやや物足りなさを感じる。

物語全体のテーマは、「家庭」「子供」「女性の苦しみ」だが、相互の関連性——特に子供と女性というテーマの関連が、うまく消化されていない。

12　角川書店、2015年。

ただし、本書の観点からは興味深い作品で、ぼぎわんの、子供を喰らう「口」、そして女性、というキーワードからは、「呑みこむ太母」の姿が見て取れる。イザナミ―ヤマンバ―口裂け女―割れ女の系譜に属するものと見てよいだろう。

余談であるが、澤村伊智の『恐怖小説キリカ』(講談社、二〇一七年)は実話風の作りで、澤村の過去の作品をネットなどで酷評すると、サイコパスである著者自身によって惨殺される、という話になっている。筆者も気をつけねばならないだろうか。

『ラーマーヤナ』の呑みこむ魔物

神話では、インドの叙事詩『ラーマーヤナ』に、否定的な意味も肯定的な意味も併せ持つ「呑みこむ」魔物の話が二つある。以下に、その話を『世界女神大事典』(沖田執筆項目)から紹介しよう。[13]

「スラサー」

猿のハヌマーンが、ラーマ王子の妃シーターを捜すために勢いよく空中を飛翔している

13 「ハヌマット」を「ハマヌーン」と名称の表記を変更した。

と、彼の武勇を試したいという神々の依頼を受けた女神スラサーが、醜く恐ろしい羅刹女の姿を取ってハヌマーンをさえぎり、彼を食べようとした。ハヌマーンが事情を説明し、シーターとラーマに会ってからあなたの口に入りましょうと言うと、スラサーは「何者も、私に食べられないで通り過ぎる者はいない。これは私の特権です」と言い、口を大きく開けた。ハヌマーンは怒って、「私が入れるよう、口をもっと大きく開け」と言った。スラサーとハヌマーンは競い合うようにそれぞれ口と体を大きくした。スラサーが口を百ヨージャナに開けたとき、ハヌマーンは巨大な体を縮めて、親指ほどの大きさになり、スラサーの口に入り、そこから飛び出した。女神スラサーは本来の姿に戻り、ハヌマーンを祝福した。（『ラーマーヤナ』5. 1）

女神の口に入り、そこから生きて出てくるということは、ハヌマーンの死と再生を暗示しており、ハヌマーンの通過儀礼を表していると見ることができる。

「シンヒカー」

猿のハヌマーンがラーマ王子の妃シーターを捜して空中を飛翔していると、彼の影がシンヒカーに捕えられた。足を引っ張られたようになったハヌマーンはシンヒカーを見出し、自ら体を巨大に引き延ばした。シンヒカーも、天地に届くほどに大きく口を開けた。ハヌマーンは一瞬で体を縮めて彼女の口の中に入り、鋭い爪で彼女を切り裂いて出てくると、すぐに体をもとに戻した。シンヒカーは殺されて水中に沈んだ。（『ラーマーヤナ』5, 1）

ハヌマーンによるシンヒカー殺害の話は、彼がスラサー女神と出会った直後のこととして語られている。スラサー女神の場合も羅刹女シンヒカーの場合も、ハヌマーンはその口の中に入って出てくる。女神の体に入っていくということは、誕生以前の状態に戻ること、すなわち死を意味する。この神話はハヌマーンの死と再生の物語であり、彼の通過儀礼を意味している。

スラサーとシンヒカーは、一方は女神が変身した魔物、他方は羅刹女という点で、その元となる姿は異なっているものの、「呑みこむ」という特徴と、そのことによってハヌマーンに通過儀礼を施している点で、否定的な意味と肯定的な意味を兼ね備えた、両義的な呑みこむ母であるといえる。

山田悠介『親指さがし』

別の視点から、『リング』とあるところまで構成の似た作品が、山田悠介の『親指さがし』[14]である。

主人公の名は沢武、一九歳。小学六年生の時、友人の由美らと五人で「親指さがし」というゲームをした。五人が輪になって座り、隣の人の親指を握って幽体離脱し、殺されてバラバラにされた女性の、見つからなかった左手の親指を捜しに行くというゲームだ。遊びで始めたら、本当に幽体離脱して見知らぬ屋敷——女性の別荘——に行った。帰る方法は別荘のロウソクを吹き消すこと。そして、途中で後ろから肩をたたかれるが決して振り返ってはならないというルールがあった。振り返ると帰ってこられなくなるという。一度目は全員が無事に帰ってきたが、二度目は由美がゲームの途中で忽然と消えた。

それから七年後、「親指さがし」の謎を解き明かすべく、武と、当時一緒にゲームをした信久、智彦、知恵は別荘を捜し始める。その過程で明らかになったのは、バラバラ殺人は実際に起こった事件であったということ。犠牲者は箕輪スズという少女で、彼女は幼いころから普通の子供ではなく、自分をいじめた子供を呪って失明させたという事件を起こしたこともあった。

14　幻冬舎文庫、2005年、初出2003年、幻冬舎。

そのスズの呪いにより、七年前の「親指さがし」で消えた由美が成長した姿で現れ、仲間であった信久、智彦、知恵を次々に殺害し、親指を切り取っていった。最後に、スズ＝由美は武を殺そうとするが、由美の自我がそれを拒み、自ら学校の屋上から飛び降りて、スズともども死んだように見えた。しかしスズは消えておらず、「親指さがし」ゲームをした次の犠牲者を呪う。こうして呪いは拡散される……。

この『親指さがし』と『リング』には以下のような類似点がある。

・超能力者の女性が殺害されて呪いを残す
・その呪いはビデオテープ／ゲームのような媒体を通じて残される
・呪いは不特定多数の人々に無制限に拡散される

『リング』でも『親指さがし』でも、呪いは、呪いの主の殺害とは全く関係のない、全人類に対して向けられている。その点に両作品の際立った特徴がある。

例えば、菅原道真は政治的な呪いを発した怨霊として有名であるし、お岩は自分を捨てて他の女と結婚するために、自分を醜い姿に変えて死に追いやった夫の伊右衛門を恨んだ。そのような、日本的な呪いのあり方を規定する名高い怨霊とも幽霊とも異なる、新たな女の呪いが、両作品において提示されている。同時代の小説の中では『呪怨』シリーズの伽椰子の呪いも広範囲であるが、伽椰子の場合、呪いの対象は「伽椰子の家に何らかの形で関わった者」であるという点で、貞子やスズの呪いの、対象を選ばない無制限性とは異なっている。

呪いの感染・拡散のテーマは、他の小説でも取り上げられることが多い。例えば小野不由美は『残穢』[15]において、感染する穢れについて『延喜式』を引きながら詳説し、「穢れは伝染し、拡大する。浄めるための祭祀が行われなければ、広く薄く拡散していくのだ」[16]と述べる。また小野は『屍鬼』[17]においても、吸血鬼による連続死を伝染病の感染になぞらえて描写し、やはり死穢の感染性を強調している。

橘外男「蒲団」

貞子の呪いはビデオテープによって媒介されていたが、このように物が呪いを媒介する話は

15 新潮文庫、2015年。初出2012年、新潮社。
16 小野、前掲書、239頁。
17 新潮社、1998年。

他にもある。例えば、蒲団である。橘外男の「蒲団」[18]をみてみよう。

明治時代、ある大きな古着屋「越後屋」での話。主人公はこの商家の息子である。ある時父親が仕入れに行き、豪華な縮緬の蒲団一式を破格の安値で買い付けてきた。越後屋ではその蒲団を一番目立つところに飾り、値札を付けた。しかしそれからというもの、なぜか商売がうまくいかない。それだけでなく、母親が仏壇を拝んでいて火傷をしたり、父親がちょっと躓いて足を挫き一か月も寝込んだり、小僧が仏壇の花を捨てるのに誤って蠟燭立てを小指に突き刺して、膿んで小指を切断したりと、何か厭な出来事が続く。ある時、父親が留守にした日のこと。雨の降る夜であった。誰かが戸を叩く音がするので、母親が出た。しばらくして戻って来た母親は、妙な顔をしている。聞いてみると、女の人が来たのだという。物凄く美しい娘であったが、腰から下が血にまみれていた。その娘が、父親が今夜帰ってくると言伝に来たのだという。父親は今日帰れる予定ではなく、親子が不思議に思っていると、本当に予定外に父親が帰ってきた。

そのような妙な出来事が気になる中、主人公の結婚が決まり、祝言の夜のことであった。夫婦の座敷に敷いてあったのは、店に飾っているはずのあの縮緬の蒲団であった。不審に思いはしたが、婚礼初夜のこと、気にしないようにしてそのまま眠りにつこうとした。すると新妻に

18　岡本綺堂他『見た人の怪談集』河出文庫、2016年、187—224頁。

しがみつかれて眼を覚ました。妻が言うには、きれいな娘が真っ蒼な顔をしてそこに立っているのだという。翌日、新妻が実家に帰ると言って聞かないので、母親がその蒲団で寝てみることにした。母はその夜、苦しみぬいた姿で死んだ。これはいよいよ、蒲団が怪しいということで、中身を裂いて調べてみたら、敷布団から、切り取られて干からびた女の指が五本と、婦人のある場所を抉り取ったものが出て来た。そこを取られた以上、もう生きてはいないという場所であった。

そこで供養をしようという事で、増×寺に預けたところ、その翌朝、増×寺は原因不明の怪火で焼け落ちたのだという。

この場合、女の霊はおそらく陰部を抉り取られて死んだ。その「女陰」の怨念が込められた蒲団であるが、蒲団とはそれ自体人を「包み込む」ものでもあり、呑みこむ女の呪物としてきわめてふさわしいものであると言えるだろう。

第一一章　世界神話の怖い女神

日本神話の「呪う女神」——イザナミ、イハナガヒメ、春山之霞荘夫《はるやまのかすみをとこ》の母

日本の多くの文学や映画などに現れる「怖い女」の系譜の、その最も根源にあるのが、原初の女神イザナミである。第一章で簡単に取り上げた話ではあるが、『古事記』におけるイザナミの生と死の物語を、以下に詳しく紹介しよう。

イザナミ

天の神々は、イザナキとイザナミに、「この漂っている国を整えて、作り固めなさい」と命じて、アメノヌボコという神聖な矛を与えた。そこで二人の神は、天と地の間に架かった天の浮橋に立って、そこからその矛を下の世界にさし下ろして、海水をこをろこをろとかき鳴らして引き

上げると、その矛から滴り落ちた塩水が積もって島となった。これがオノゴロ島である。

イザナキとイザナミはオノゴロ島に降りて来て、神聖な柱と、広い御殿を建てた。そこで二人はお互いの性に関する無邪気な問答を行う。イザナキが女神のイザナミに、「あなたの身体はどのように出来ていますか」と尋ねると、イザナミは「吾が身は成り成りて成り合わざる所一所あり」と答える。成って成って成りあわないところ（足りないところ）が一つある、と。するとイザナキは、「我が身は、成り成りて成り余れる所一所あり」と言う。このようにお互いの体の違いを確認する会話を交わしてから、二人は結婚して子を産むことにする。

二人は柱の周りを回って結婚することにした。イザナキは左から、イザナミは右から柱を回って、出会ったところで、まずイザナミが「あなにやし、えをとこを」（あなたはなんて素敵な男性なんでしょう）と言い、次にイザナキが「あなにやし、えをとめを」（あなたはなんて可愛い乙女なんだろう）と言って、二人は結婚した。この時女であるイザナミが先に言葉を発したのは良くないことであった。そのために、生まれてきたのは不具のヒルコだった。この子は葦の船に乗せられて棄てられた。次に生まれた淡島も、子供の数には入らなかった。

満足のいく子が生まれないので、イザナキとイザナミは天の神のところに相談に行った。すると天の神は占いをして、女であるイザナミが先に言葉を発したのが良くなかったためだと教えた。そこで二人の神は再びオノゴロ島に戻ってきて、結婚のやり直しをした。こうしてこの二柱の神から、国土が次々に誕生した。

国土の次に、神々が生まれた。

まず自然の神々が生まれた。海や河など水の神（オホワタツミなど）・風（シナツヒコ）・木（ククノチ）・山（オホヤマツミ）・野（カヤノヒメあるいはノヅチ）・山野の土・霧・谷の神など。

次に、文化を司る神が生まれた。船の神（トリノイハクスブネあるいはアメノトリフネ）・穀物の神（オホゲツヒメ）・火の神（ヒノカグツチ）・鉱山の神（カナヤマビコ・カナヤマビメ）・粘土の神（ハニヤスビコ・ハニヤスビメ）・灌漑の神（ミツハノメ）・生産の神（ワクムスヒ）・食物の神（トヨウケビメ）。

ところが火の神カグツチを生んだために、イザナミは女性器を焼かれて死んでしまった。イザナキは、愛しい妻を一人の子どもに代えてしまったと言って激しく嘆き悲しみ、腰に佩いていた剣でカグツチの頸を切った。その時飛び散った血から、石の神・火の神・水の神・刀剣の神（タケミカヅチ）が誕生した。また、殺されたカグツチの身体から、様々な種類の山の神が誕生した。

イザナキは死んでしまったイザナミにどうしても会いたくて、黄泉の国まで追って行った。御殿の戸から迎えに出てきたイザナミに、イザナキは一緒に地上に帰ろうと頼んだ。するとイザナミは、自分はもう黄泉の国の食べ物を食べてしまったから帰ることはできないが、せっかく来てくれたのだから、黄泉の国の神と相談してみましょう、と答え、その間決して私の姿を見ないで下さいねと言って、御殿の中に入って行った。しかしイザナキはどうしても待ちきれなくて、髪に挿していた櫛の歯を一本折って、そこに火をつけて覗いてみると、女神の身体には蛆がたかり、身体のあちこちに雷が出現していた。

驚き恐れたイザナキがあわてて逃げ帰ろうとすると、約束を破って自分の姿を見られたことを恥じて怒ったイザナミが、ヨモツシコメ（黄泉の国の醜女）にイザナキを追いかけさせた。イザナキは身に着けていた髪飾りや櫛を投げながら逃げて、黄泉と地上の境にある黄泉比良坂（ヨモツヒラサカ）のふもとまでやって来たとき、そこに生えていた桃の実を三つ取って投げると、黄泉の国の軍勢はことごとく退散した。

最後にイザナミ本人が追いかけてきた。それを見たイザナキは巨大な岩を引きずってきて、道を塞いだ。そしてその岩を挟んでイザナキとイザナミは、夫婦の別離の言葉を交わした。イザナミが「私はあなたの国の人々を、一日に千人殺しましょう」と言うと、イザナキは「それなら私は、一日に千五百の産屋を建てよう」と言った。こうして、一日に千人の人が死に、その代わりに一日に千五百の人が生まれることになった。

このようにイザナミは、国土と神々を産み出した、美しい「産む女神」であった。しかし、死んで黄泉の国に行くと、その体には蛆がたかり雷が出現しているというような、大変恐ろしい姿に変わり果てていた。そして逃げる夫イザナキを追いかけ、最後には人間に死の運命を宣告するという、恐るべき女神に変貌した。「美から醜」、「生から死」、「優しい女神から恐るべき女神へ」という、正反対の性質への変化を見せている。まさにその点において、女神というものの本質をイザナミは表している。——産んだからには、殺さねばならない——、すなわち、命を回収しなければならないのだ。

イハナガヒメ

イザナミの「醜」「死」「恐るべき女神」という負の側面を継承しているのが、日本神話の山の神の姉娘、イハナガヒメである。イハナガヒメと、その美しい妹コノハナサクヤビメの神話は、以下のようなものである。

アマテラスの孫ホノニニギは、笠沙の岬で美しい乙女を見初めた。その娘は山の神オホヤマツミの娘で、名をコノハナサクヤビメといい、姉妹にイハナガヒメがいた。ホノニニギがオホヤマツミのもとへ行ってコノハナサクヤビメとの結婚を申し入れると、オホヤマツミは大変喜び、姉のイハナガヒメも副えて、多くの品物と一緒に娘を差し出した。しかしその姉は容姿がひどく醜かったためにホノニニギは恐れをなして、親のもとへ送り返してしまい、妹のコノハナサクヤビメだけを側に留めて一夜を共にした。

オホヤマツミは、ホノニニギがイハナガヒメを送り返したことを深く恥じて、次のように言ってホノニニギとその子孫を呪った。「私が二人の娘を並べて差し上げたのは、イハナガヒメを娶ることで天つ神の御子の命が岩のように不変であるように、またコノハナサクヤビメを娶ることで、木の花が咲き栄えるように繁栄するようにと、祈願して差し上げたのに、イハナガヒメを返してコノハナサクヤビメだけを留めたから、この先天つ神の御子の命は、木の花のようにはかないものになるだろう」。このようなわけで、今に至るまで、代々の天皇の寿命が短くなったのである。

この『古事記』の記述では呪いをかけたのはイハナガヒメの父神オホヤマツミであるが、『日本書紀』では、イハナガヒメ自身が、親もとに送り返されたことをひどく恥じて、ホノニニギとその子孫（天皇）に呪いをかけ、天皇と、人間全ての寿命を短くしたことになっている。（第九段一書第二）

イザナミの呪いによって人間に死の運命が課せられ、その上さらにイハナガヒメが呪いをかけて人間の命を短くしたというのだから、日本神話は二重に死の起源を語っているといえるだろう。そしてそのどちらも、呪ったのは女神である。

春山之霞荘夫《はるやまのかすみをとこ》の母

呪う女神という点では、応神記の春山之霞荘夫《はるやまのかすみをとこ》の母も、強い呪いを自らの息子に対して発した女神だ。

イヅシヲトメという女神がいて、神々から妻にしたいと想われていたが、誰も妻にできないでいた。そこに二人の兄弟神・秋山之下氷壮夫《あきやまのしたひをとこ》と春山之霞荘夫《はるやまのかすみをとこ》がいて、兄の秋山之下氷壮夫《あきやまのしたひをとこ》は、自分が結婚できなかったイヅシヲトメを、弟の春山之霞荘夫《はるやまのかすみをとこ》がもし手に入れられたら、着物と酒と山河の生産物を全て与えると賭けをした。弟が母神に相談すると、母神は藤の蔓で衣と袴と下沓と沓を作り、弓矢にそれを着せて持たせた。弟神がイヅシヲトメのもとへいくと、その衣服も弓矢もすべて藤の花になり、二人は結婚することができ、子供も一人生まれた。しかしこれに腹を立てた兄神は、賭けのものを払おうとしない。そこで母神は自分の子である秋山之下氷壮夫《あきやまのしたひをとこ》を呪うため、目の粗い竹籠を作り、塩をあえた石を竹の葉に包んだものを用いて、弟に兄を呪わせた。「この竹の葉のように青く茂り、萎れよ。この潮のように満ち干からびよ。

この石のように沈め」と唱えると、兄は八年の間病み衰えた。兄が泣いて許しを請うたので、呪物を母に返すと、元通りに元気になった。（応神記）[1]

このように、日本神話において女神は、人類全般、あるいは夫や自らの子であっても、容赦なく呪いをかける、きわめて恐ろしい側面を見せる。

死の女神

世界の多くの神話で女神は、死や、多くの死の原因となる戦争と深く関わる。たとえばニュージーランドには、日本のイザナミとよく似た役割を果たす、ヒネという女神がいる。

ヒネ

ある時創造神タネは土で女の人形を作り、これと交わり娘のヒネをもうけ、成長したヒネを妻にした。ヒネはある時、夫が実の父であることを知り、恥ずかしさのあまり自殺して夜の国に行き、死の女神となった。タネはヒネを追って冥界へ行き、ヒネの家の戸をたたいた。しか

1 『世界女神大事典』「イヅシヲトメ」（日本）の項目を参照した。

しヒネはタネを中に入れなかった。タネが一緒に地上に帰ろうと懇願すると、ヒネはにべもなくこれを退け、こう言った。「あなたは一人で地上に帰り、明るい太陽のもとで子孫を養いなさい。私は地下の国に留まり、彼らを暗黒と死の国に引きずり下ろすでしょう」。この後、生者と死者の間に交流がなくなった。[2]

この神話では、女神が人間の死を司る。暗黒と死の国に人々を引きずり下ろすのは、女神である。男神は逆に人間を養う役割を担うとされる。その点でこの話は、日本神話のイザナミとイザナキの話とよく似ている。

ヒネ（ヒナ）に関しては、死の発生に関わる神話がもう一つある。

ある時マウイは死を克服するため、死の女神ヒネの女陰から体内に入って口から這い出そうと宣言した。それがうまくいけば、死を恐れる必要はなくなるのだ。マウイは鳥たちと共にヒネのところに行き、鳥たちに、女神が目を覚ましてしまうから、決して笑ってはならない、お前たちが静かにしていれば、無事に女神の体内から出てくることができる、と言った。マウイは女神の体内に入るためにまずネズミになったが、大きすぎる。鳥の忠告で、次にマウイはイ

2　『世界女神大事典』「ヒナ（ヒネ）」（ポリネシア）の項目を参照した。

モムシになった。マウイが女神の女陰に入ろうとすると、孔雀鳩が耐え切れず笑い出してしまった。女神は気づき、女陰の歯でマウイを噛み殺した。（ニュージーランドマオリ族の話）[3]

トリックスター神・マウイを殺害することで人間の不死の可能性を奪い、死の運命を決定的なものとした女神の話である。女陰の歯＝ヴァギナ・デンタータのモチーフも加わっている。「恐るべき呑みこむ女陰」である。

メソポタミア神話でも冥界の支配者は女神である。エレシュキガルという死の女神が、妹である豊穣の女神イナンナを死に至らしめたという、次のような話が伝わっている。

「イナンナの冥界降り」

女神イナンナは自らの神殿を去り、豪華な宝石と衣裳を身に纏って冥界へと降りて行った。冥界の七つの門をくぐるごとに一つずつ宝石や衣裳を奪われて全裸になったイナンナは、冥界の女神で、彼女の姉であるエレシュキガルの前に連れて来られた。エレシュキガルがイナンナに死の眼を向けるとイナンナは死体に変わった。豊穣の女神が死の世界に捕われたため、地上

3　『世界女神大事典』「ヒナ（ヒネ）」（ポリネシア）の項目を参照した。

には異変が起こった。「雄牛は雌牛に挑みかからず／雄ロバは雌ロバを孕ませず／町では男が乙女を孕ませない」。水の神エンキ（エア）がイナンナの死体をエレシュキガルから取り戻させ、その死体に生命の草と生命の水をかけさせた。イナンナは生き返ったが、彼女が冥界から出るには一人の代理人を冥界に送らなければならなかった。その代理人を捕まえるために、ガラと呼ばれる霊たちが冥界からイナンナについて来た。イナンナは、自分のために喪に服していなかったという理由で、夫のドゥムジを霊たちに渡した。ドゥムジは霊から逃れるために太陽神に嘆願して姿を変えてもらったが無駄であった。ドゥムジは半年の間冥界で過ごすことになった。[4]

この神話では、力ある豊穣女神であるイナンナであっても、死の女神には打ち勝てず、最終的に夫を冥界に差し出すことになった。生の女神が死の女神に敗北したのである。死の女神の強さを感じさせる話である。

北欧ゲルマンでも、冥界の支配者はヘルという名の女神である。英語の「地獄 hell」と語源が同じである。ヘルはロキと女巨人との間に生まれた娘で、麗しの神バルドルが死んだとき、「全てのものがバルドルのために泣いたなら」バルドルを生き返らせる、と約束するが、ロキの変

4　ジョン・グレイ著、森雅子訳『オリエント神話』青土社、1993年、72―77頁を参照した。

身した女巨人だけが泣かなかったので、バルドルは生き返ることができなかった。

血を求める女神

トラルテクトリ

メソアメリカには、生贄を要求する大地の女神トラルテクトリがいる。トラルテクトリは原初の女神で、次に紹介するように、二人の神に引き裂かれて大地になり、人間の生贄を要求するようになった。

現在の世界が誕生する以前、世界は水で覆われ、その上をワニのような怪物（後のトラルテクトリ）がまたがっていた。この怪物のすべての関節には眼と口がたくさんついており、猛獣のように歯を噛み鳴らして、人間の肉と血を欲していた。世界を再創造しようと天界から舞い降りたケツァルコアトルとテスカトリポカの二柱の創造神はこれを見て、この怪物を退治する策略を練る。二神は大きな蛇になり、一神は怪物の右手と左足、もう一神は左手と右足をつかみ、それを強くねじって半分に引き裂き、体の片方で大地を創り、もう片方を天空へと押し上げた。こうして大地の主であるトラルテクトリが誕生した。（神々が天空から降りてきて、トラルテクトリの体の部分から様々な自然を創り出した。）女神は夜な夜な人の心臓を欲して泣いた。人間の生贄が与えられなければ、大地は人間が必要とする食糧を供給しようとしなかった。[5]

原初の海の女の怪物という点では、この話はメソポタミアのティアマトを想起させる。ティアマトも、マルドゥクに殺害され、その体が引き裂かれ、片方が大地に、片方が天空になったのであった。その姿は蛇に似た竜である。トラルテクトリもティアマトも、原初の存在であり、その姿は怪物なのである。そしてどちらも殺害され、その死体から世界が形作られる。この神話世界では、人間は女神の死体の中で生きているのだ。ある意味、とても怖い。

トラルテクトリの神話は、生贄を頻繁に行ってきたメソアメリカの宗教的背景が強く出ているものの、大地の女神が、生命を呑みこむ恐ろしいものであると考えられている点では、まさに世界共通の女神の恐るべき側面を表している。

---

5 『世界女神大事典』「トラルテクトリ」（メソアメリカ）より一部引用。

魔女ランダ

インドネシアでは善悪二元論的な世界観の中で「悪」の側面を担うのが、魔女ランダである。

（前略）ランダの姿は変幻自在であり、人に呪いをかけたり病気にさせることで災いを撒き散らすという。ランダのモデルはヒンドゥー教のドゥルガーであるとされ、一般的にはザンバラ頭の醜い老婆として描かれるが、黒魔術を志す者の前には美少女の姿で現れる。ランダは奇怪な老婆で、墓場あるいは辻など霊的に危険な場所で弟子と共に裸で踊る。長い白髪を振り乱し、目を見開き口には牙を持つ。またランダは赤く長い舌を出して炎を放つ。乳房は長く垂れ下がり手には白手袋をはめ長い爪を持つ右手には白い布（一種の武器）を持ちランダが不可視であることを示す。

ランダはバリ・ヒンドゥーの悪の側面を象徴しており、反対に善を象徴する神獣バロンと対を成す。たとえ倒されても必ず生まれ変わり、バロンと終わりのない戦いを続ける。また、ランダはシヴァの妻であり、シヴァの破壊的な面を表すドゥルガーの化身ともされる。ランダの像には、子に乳を与える姿と子を食いちぎる姿が見られる。（後略）[6]

---

6 『世界女神大事典』「魔女ランダ」（オセアニア―インドネシア）より引用した。

最後の文にあるように、ランダは子を産み育てる母神であると同時に、子を喰ってしまう恐ろしい魔女でもあるので、悪の化身である以上に、原初の女神の生と死という両義性を備えているといえる。

運命の女神

糸紡ぎや機織りといった女性の手仕事は、女神の管轄である。そしてそれらの仕事は、人間の生と死を定める「運命」と関連付けられる。いくつか、世界の神話から例を挙げてみよう。

キキーモラ（シシーモラ）（スラヴ）

小さな女の姿をした家の悪神で、眼には見えない。現れるのは、暮れから新年にかけてのクリスマス週間（スビャートキ）か、クリスマスの前夜だけとも考えられている。家に入って来たキキーモラは食器を割り、ものを投げるなどして騒ぎを起こすばかりでなく、家人の髪をひっぱり、鶏の羽を抜き、羊の毛を切るなどの悪さをする。夜な夜な現れては小さな子供を泣かせ、編み物をもつれさせる。というのは、この女神が自分で糸紡ぎやレース編みが好きだからで、キキーモラの糸紡ぎの音はその家に不幸を招くことになるという。ロシア北方では主婦がやりかけた糸紡ぎをそのままにして眠ってしまうと、夜中にキキーモラがそれを続けてやってくれるか、糸を切ったり、もつれさせたりするために、農婦たちは「キキーモラのシャツはいつまでたってもできやしない」と言った。[7]（後略）

このキキーモラの糸紡ぎの話は、スラヴの女神モーコシの形象を引き継いでいるのだという。そのモーコシについて、『世界女神大事典』からみてみよう。

モーコシ

北ロシアではこの女神は大きな頭と長い腕を持った姿で夜な夜な農家に入ってくると考えられていた。そのために主婦はやりかけの糸紡ぎをそのままにして寝てはならないことになっていた。さもないと「モーコシがそれをほどいてしまう」からである。この女神はロシア正教ではパラスケーヴァ・ピャートニツァに継承された。ピャートニツァは白衣に手織のスカートをつけた乱れ髪の美しい乙女か若い女性で、一九世紀のウクライナでは、彼女のために紡績や亜麻糸を井戸に捧げ入れるモクリダという儀礼があった。モーコシの語源には「湿潤」のほかに「糸紡ぎ」の意があったと想定されている。これと類似するの

7　『世界女神大事典』「キキーモラ／シシーモラ」（スラヴ）より一部引用した。

はロシアのスレダー、セレダー（水曜日の意）で、機織りや麻布を晒す手伝いをしてくれるが、水曜日に働く者には罰を与えると思われている。[8]

スラヴでは、ラウマという魔女も、糸紡ぎに関わる存在だ。

この魔女（筆者注：ラウマ）は家の中に入り込んできて、主婦の家事にちょっかいを出す。直接には手を出さずに、人の真似をするだけであるが、一端始めると止めることができないために、糸紡ぎでは紡ぐ亜麻がなくなると、麻屑でも人の髪の毛でも手当たり次第に紡ぎつづけるという。[9]

モイライ

糸紡ぎと運命が結びつけられている神話の典型例が、ギリシャのモイラ（複数形モイライ）である。モイライは三人一組の老婆で、運命の糸を割り当てるラケシス（配給する者）、人間の運命の糸を紡ぐクロト（紡ぎ手）、運命の糸を断ち切るアトロポス（変えるべからざる者）

8 『世界女神大事典』「モーコシ」（スラヴ）より一部引用した。
9 『世界女神大事典』「ラウマ」（スラヴ）より一部引用した。

と呼ばれる。モイラたちが定めた運命は絶対的なもので、神々の王ゼウスであっても変更は不可能であったとされる。[10]

ノルン

ゲルマンには、ノルンとよばれる三人一組の運命の女神がおり、やはり糸を紡ぐ女神である。ウルズ、ヴェルザンディ、スクルドと呼ばれている。下記の神話では、ノルンたちが支配者となるべき男児の出生に立ち現れ、その未来の領土を決定したことを語っている。

村に夜が訪れ／ノルンたちが現れた、／気高き者に齢《よわい》／さだめた女たちが。／彼のために願った、／いとも名高き長《おさ》となることを、／王たちの中でもっとも優れし／者なりと思われることを。／彼女らは力をこめて／運命の糸を撚った、／ブラールンドの地で／城砦が崩れ落ちるとき。／彼女らは黄金の糸を／とりそろえ／月の広間〔空〕のまん中に／結びとめた。／彼女らは東に西に／糸の端々を押しいれ、／それらの間に首領は／国をもっていた。／ネリの姉〔ノルン〕は／北の方へ／紐《ひも》を一本投げやって、／いつも絶えぬよう

10　『世界女神大事典』「モイラ」（ギリシア）を参照した。

願った。[11]

『マハーバーラタ』　ダートリとヴィダートリ

糸紡ぎと同様に女性の手仕事として機織りがあるが、インドには、機織りをする運命の女神の話がある。『マハーバーラタ』の挿話を以下に紹介しよう。[12]

修行僧ウッタンカは師の命令で師の妻のために、パウシャ王の妃から耳輪を借りて来た。その帰り道、ウッタンカは裸の修行僧が何度も見えたり隠れたりしながらついてくるのに気づいた。ところがウッタンカは、耳環を地面に置いて、水を求めてそこを離れた。その間に修行僧は急いで近づき、耳環をつかんで走り去った。ウッタンカは彼を追ってつかまえた。

男は修行僧の姿を捨ててタクシャカ竜王の姿に戻り、突然地面に開いた大きな穴に入って行き、自らの住処である竜の世界に行った。ウッタンカも同じ穴からそこへ入った。

(1, 3, 136-138)

11　「フンディング殺しのヘルギの歌・その一」菅原邦城『北欧神話』東京書籍、63―64頁を引用した。
12　訳は筆者による。

ウッタンカは懸命に蛇たちを讃えたが、耳環を取り戻すことはできなかった。その時彼は、機に座って布を織っている二人の女を見た。その機には黒と白の糸がかかっていた。そして六人の童子によって回されている輪を見た。それから、美しい男を見た。（1, 3, 147-148）

ウッタンカはその男に言った。「蛇たちが私の支配下に帰しますように。」すると男は言った。

「この馬の尻に息を吹き込みなさい」。ウッタンカはその馬の尻に息を吹き込んだ。すると馬の体中の穴から火神アグニの煙と火炎が生じた。そのために竜の世界は熱せられた。うろたえたタクシャカ竜王は意気消沈し、耳環をつかんで急いで自分の住処から出て来て、ウッタンカに言った。「この耳環を受け取れ」。ウッタンカは耳環を受け取って、考えた。師の妻の祭礼は今日だ。しかし私はあまりに遠くへ来てしまった。何か方法を考えなければならない。すると男が彼に言った。「ウッタンカよ、この馬に乗りなさい。これはあなたを一瞬のうちに師の家に運ぶだろう」。彼はその馬に乗り、一瞬で師の家に帰った。

師の妻は沐浴をして、髪をくしけずりながら座っていた。ウッタンカが帰ってこないので、呪いをかけようかと考えていた。そこにウッタンカが入ってきて、師の妻に挨拶し、耳環を渡した。彼女は言った。「ウッタンカよ、ちょうどいい時に帰ってきましたね。お帰りなさい。」ウッタンカは師にも挨拶をした。すると師はウッタンカに尋ねた。「ウッタンカよ、お帰りなさい。長い間、何をしていたのかね。」ウッタンカは答えた。「この仕事の途中で、タクシャカ竜王に妨害されました。私は竜の世界に連れて行かれました。そこで私は二人の女が機に座って布を織っているのを見ました。その機には黒と白の糸がかかっていました。あれは何ですか。それからそこで、私は一二の輻をもつ輪を見ました。六人の童子がそれを回していました。あれは何ですか。それから一人の男を見ました。彼は誰ですか。それから、その男と一緒に異常に大きな馬がいました。あれは何ですか。また、王宮に行く途中で雄牛を見ました。その雄牛に一人の男が乗っていました。彼は私に言いました、「この雄牛の糞を食べよ、おまえの師も食べたのだよ」と。私は言葉通りに雄牛の糞を食べました。あれは何ですか。どうぞ教えてください。」

師は答えた。「その二人の女はダートリ（創造神）とヴィダートリ（運命神）である。黒と白の糸は夜と昼である。一二の輻を持つ輪を回している六人の童子は六つの季節で、輪は一年である。その美しい男は雨神パルジャニヤである。馬は火神アグニである。道の途中でおまえが見た雄牛は象の王アイラーヴァタである。それに乗っていたのはインドラ神である。おまえの食べた雄牛の糞はアムリタである。まさにそのおかげで、竜の世界においても無傷であったのだ。そしてインドラは私の友人である。彼の恩恵によって、おまえは耳環を得て再び帰ってくることができたのだ。さあ、かわいい弟子よ、行きなさい。去ることをおまえに許す。幸せになるのだよ」。(1, 3, 155-176)

この神話では、ダートリとヴィダートリという二人の女神が、地下世界で機を織っている。その機が、昼と夜であり、季節であり、一年でもあるということになっているので、やはり運命を織りなす女神であると考えられるだろう。

キルケ

第八章で、ギリシャ神話の魔女・メデイアを取り上げたが、このメデイアの血縁に、魔女キルケがいる。吉田敦彦が指摘しているように、[13] キルケは太陽神ヘリオスの娘で、他方のメデイアは同じヘリオスの孫娘であり、互いに伯母と姪の関係にある。このことは神話でも意識されていて、メデイアが兄弟を殺害した罪を、キルケが浄めたことが物語られている。

次に紹介する『オデュッセイア』の話に、魔女としてのキルケの姿が詳しく描写されている。そこでキルケは、やはり機を織っている。

13 吉田敦彦『神話と近親相姦』青土社、1993年、270―276頁。

トロヤからの長い帰国の旅の途中で、オデュッセウスはキルケの住むアイアイア島に立ち寄った。オデュッセウスはキルケの住居から煙が立ち上るのを見たので、エウリュロコスを隊長にして、二二人の仲間と共に様子を見に行かせた。キルケの屋敷に近づくと、家の中から大きな織機で不死の女神たちの衣服となる軽やかで美麗な布を織りながら、甘美な声を高々と張り上げて歌っているキルケの声が聞こえてきて、人々は恐怖心を拭われて戸口に立った。するとすぐに扉が開かれ、美しい髪の女神が出てきて人々を招き入れ、食物と葡萄酒をふるまった。ところがその中には恐ろしい魔力を持った薬が混ぜられていて、それを飲まされた人々は、さらにキルケの杖で打たれ、人間の心を持ったまま豚に姿が変わって、豚小屋に閉じ込められ、豚の餌のどんぐりなどを食べさせられた。

いつまでたっても仲間が出てこないので、隊長のエウリュロコスは引き返してオデュッセウスに報告した。するとヘルメス神が彼の前に現れ、キルケに対してどうふるまえばよいか教えた。オデュッセウスはヘルメスの命令に従い、キルケを剣で脅して仲間を解放させ、自分を腑抜けにするような魔術はかけぬよう厳しく約束させたうえで、この女神と交合を果たし、一年もの間、一同はキルケのもとで暮らし、元気を回復した。[14]

14　吉田、前掲書、２７１―２７５頁を参照した。

ウォーターハウス「オデュッセウスに杯を差し出すキルケー」1891年、オールダム美術館

このようにキルケもまた、機織りをする女神であり、その魔力は善にも悪にも働く両義性を備えている。

ヘレネ

同じようにギリシャでは、ヘレネが機織りや、糸紡ぎと深い関連をもっている。『オデュッセイア』の第四巻では、ヘレネが「黄金の糸巻き棒と、黄金の縁で飾られた銀の籠」を持って現れた様子が、「黄金の矢を持つアルテミス」にたとえられている。吉田が指摘しているように、アルテミスは黄金の矢でもって人間に多くの死をもたらすとされている。そのアルテミスの矢とヘレネの糸巻き棒が対比されていることは偶然ではない。ヘレネもまた、自身が誘拐されることによって、多くの戦士たちの死の原因となったからだ。ヘレネはまた、機織りも行う。『イリアス』第三巻によると、ヘレネは、トロヤの城の中で、今まさに彼女を取り戻すための戦争が行われている最中に、その戦争の様子を、機を織りながら布地の中に表していたのだという。ここにヘレネの不気味な一面が表されている。[15]

このように糸紡ぎや機織りは、ただ女性の仕事であるだけでなく、生と死を管轄する女神の領域なのであって、糸が切られれば命が消える、機織りには戦争が織り込められるといったよ

15　吉田、前掲書、283―286頁。

うに、「怖い」女の手仕事であるといえるだろう。

戦争を引き起こす女主人公

ヘレネと戦争との関係をもう少し考えてみよう。そもそもの始まりは大地の女神の嘆願であった。大地に人類が増えすぎて、大地の女神がその重圧に耐えられなくなったので、ゼウスのもとに行って、人類を減らしてくれるように頼んだ。これを受けてゼウスは、トロヤ戦争を始めとする、多くの人間の死の原因となる戦争を自ら計画した。その計画の手始めに彼が行ったことが、戦争の原因を作る一人の美女を、自らの種によって儲けることであった。これがヘレネである。ところでこのヘレネは、ギリシャの美と愛の女神アプロディテの化身といってもいい位置づけにある。そのことは、三世紀のスミュルナの詩人クイントゥスの『トロイア戦記』の以下のような記述から窺うことができる。戦争の果てに夫メネラオスのもとに戻ったヘレネが、夫に従って帰国の船に乗りこむ様子の描写である。

しかしながらヘレネーは涙一つこぼさなかった。恥じらいがその黒い目に宿り、さらに美しい頬を赤く染めていた。そして彼女は胸のうちでしきりに思いめぐらしていた、黒い船に乗った自分をギリシャ人たちが虐待しはしまいか、と。このことを恐れるあまり、彼女の心は動顚《どうてん》していた。ヘレネーは頭からヴェールをかぶり、羞恥に頬を赤らめながら、先を行く夫のあとを追った。その羞恥はかつてアプロディーテーが味わったものに等しかった。それは、アレースに抱擁され、夫婦《めおと》の寝台を汚しているところを、天の神々がみずから目撃したときのことである。女神は技たくみなヘーパイストスの、目の詰んだ鎖でからめ取られたのだ。女神は鎖に縛られて横たわり、群がり寄った神々の族《うから》およびヘーパイストス自身に、胸のうちで羞恥を覚えたものだ。恥ずべき姿をわが夫の目にさらすのは、女にとってつらいことであるから。

体つきと紛れもない羞恥の点でアプロディーテーに似たヘレネーは、みずからも捕虜として、捕われたトロイアの女性らとともに、しっかり建造されたギリシャの船のほうへ歩を運んだ。まわりではギリシャ人たちが、この完璧な女性の美貌と愛らしさにうっとり見とれていた。陰口であれ公然とであれ、敢えて彼女を口ぎたなくののしる者は一人もいなかった。彼らはもっぱら、女神を見るように彼女をみて、喜悦にひたっていた。彼女は、みたいと願っている者たち全員の前に、その容姿をさらしていた。[16]

16　クイントゥス著、松田治訳『トロイア戦記』講談社学術文庫、2000年、414—415頁を引用した。

『マハーバーラタ』ドラウパディー

このようにヘレネはアプロディテの化身のような位置づけにあるのだが、インドの『マハーバーラタ』でも、戦争を引き起こす女主人公が、美と愛の女神と化身の関係にあるとされている。女主人公の名はドラウパディー、美と愛の女神はシュリー（ラクシュミー）である。そもそも『マハーバーラタ』においても、戦争の原因は大地の重荷であった。そのことは、以下のように語られている。

クリタ・ユガの時代に、大地がくまなく多くの生類によって満たされていた時、神々との戦いに敗れたアスラたちが、天界より落とされて地上に生まれ変わった。彼らは人間をはじめとして、乳牛、馬、ロバ、ラクダ、水牛、肉食の獣、象、鹿など、さまざまな生類に生まれ変わった。天界から地上に落とされたアスラたちのうち、ある者は、力ある人間の王として生まれた。武勇あり、尊大で、様々な姿を取り、敵を滅ぼす彼らは、海に囲まれた大地を取り囲んだ。彼らはバラモン、クシャトリヤ、ヴァイシャ、シュードラや、他の様々な生類を苦しめ、恐れさせ、殺戮しながら、幾度となく大地のあらゆる場所を歩き回った。不浄で、武勇に慢心し、狂気と力に酔った彼らは、隠棲所に住む偉大な聖仙たちをあちこちで傷つけた。このように力に驕った大アスラたちによって、大地の女神は苦しめられた。風や蛇や山々は、もはやアスラたちに制圧された大地を支えることができなかった。重圧に悩み、恐怖に苦しめられた大地は、全生類の祖父であるブラフマー神に救いを求めた。創造主であるブラフマーは、すでに大地女神の悩みを知っていた。彼は誰から知らされなくとも、世界中の神々とアスラの望みを知っているのだ。ブラフマーは大地女神に悩みを解決してやることを約束して彼女を去らせると、全ての神々、ガンダルヴァ、アプサラスたちにこう命じた。「大地の重みを取り除くために、それぞれの分身によって地上に子を作りなさい」。

インドラをはじめとする全ての神々は、ブラフマーの命令を聞いて、その適切な言葉を受け入れた。彼らは自分たちの分身によって大地のあらゆる所に行くことを望み、ヴァイクンタにいるナーラーヤナ神のもとへ行った。大地の浄化のために、インドラはこの最高の存在に言った。「あなた自身の分身によって、地上に降下して下さい」。ナーラーヤナは、そのようにしよう、と答えた（1, 58, 24-50）。[17]

このようにして準備された戦争の直接の原因となったのが、ギリシャのヘレネ同様、一人の女性、ドラウパディーであった。彼女は生まれた時に、天からの姿のない声によって、「クシャ

17　訳は筆者による。

トリヤ（戦士階級）に破滅をもたらし、神々の目的（生類を減らして大地の重みを軽減すること）を成就する」（1, 155, 44-45.）という予言がなされていた。ドラウパディーは『マハーバーラタ』の主役の英雄である、パーンダヴァと総称される五人の兄弟の王子たちの共通の妻である（つまり一妻多夫婚）。そしてある時、このパーンダヴァと敵対するクル族の兄弟が、生理中で一枚の衣のみを身に着けて部屋にこもっていたドラウパディーの髪を摑んで集会所に引きずり出し、衆目の面前でその衣を剝ぎ取ろうとして辱めたことが、後にクルクシェートラの戦争の原因となった。このドラウパディーが、神話の中ではっきりと、シュリー（ラクシュミー）の化身であるとされているのである（1, 189, 33; 18, 4, 9-10.）。

つまりギリシャとインドの叙事詩伝承において、戦争の発端は大地女神の重荷にあり、戦争の直接の原因を作った美女は、どちらも美と豊穣の女神と密接に関っているのである。

インド　大地女神　―　シュリー（ラクシュミー）―　ドラウパディー
ギリシャ　大地女神　―　アプロディテ　―　ヘレネ

フレイヤ

ギリシャとインドに伝わる一連の戦争伝承は、北欧ゲルマンの伝承とも比較することができる。ゲルマン神話の美と愛の女神で、ギリシャのアプロディテやインドのシュリーと対応するフレイヤは、小人の工匠たちの作った素晴らしい宝物の、ブリージングの首飾りを得るために、小人たちと交わったが、そのことが原因で彼女は、無数の勇士たちの死の原因となる大戦争を起こさなければならなくなった。このことは、『ソルリの話およびヘジンとホグニのサガ』という小サガに、以下のように語られている。

ある時フレイヤは黄金の首飾りを得るために四人のドヴェルグと交わった。このことを知ったロキは、オージンに告げ口をした。オージンの命によって、ロキはフレイヤから首飾りを盗んだ。ロキの仕業だろうと見当をつけたフレイヤは、オージンの屋敷に行き、首飾りを返してくれるよう求めた。オージンは条件を出した。「そなたは、それぞれ二〇人の王が仕える二人の王を不仲にし、互いに争わせなければならない。王たちが戦って、倒れると同時に立ち上がって再び戦うという呪いと魔法を、彼らにかけるのだ。そしてこの戦いは、勇敢な首領がこの連中を武器で殺すまで、続くのだ」。フレイヤは承知して、首飾りを受け取った。

北欧デンマークの王子ホグニと、南欧セルクランド（サラセン）の王子ヘジンが、戦争の主役に選ばれた。この戦争は、ゴンドゥルという名のフレイヤの化身にそそのかされたヘジンが、盟友ホグニから娘ヒルドを奪い、妃を殺害したという事件から始まった。両者はハー島で戦った。王たちはまさしくオージンの言葉のように、倒れてもまた起き上がり、戦いつづけた。ヒルドは茂みに潜み、この戦いを眺めていた。戦いは一四〇年間続き、ノルウェー王子の従者イーヴァルが呪われた戦士たちを皆殺しにして、ようやく終わりを迎えた。[18]

スノリの「詩語法」五〇章によれば、ヒルドは夜になると、戦いで倒れた戦士たちのもとに出かけ、魔法によって彼らを起こしたという。ここでは明確に、ヒルドはフレイヤの化身として描かれている。

つまり、

インド　シュリー（ラクシュミー）―（化身）―　ドラウパディー
ギリシャ　アプロディテ　―（化身）―　ヘレネ
ゲルマン　フレイヤ　―（化身）―　ヒルド

という対応が見られるのである。このような神話の類似はインド・ヨーロッパ語族に特有のものと思われる。男性社会であったはずのインド・ヨーロッパ語族の、男たちが活躍する戦争の神話において、その肝心の戦争の発端や原因は女神や女性にあると語られる。太古の恐るべ

18　菅原、『北欧神話』、267―269頁を参照した。

き女神の存在を感じさせる話だ。インド・ヨーロッパ語族の神話においても、やはり女は恐ろしかったのだ。

恐るべき女神

インドではヒンドゥー教になると女神信仰が発達し、ドゥルガーやカーリーといった恐るべき戦女神が盛んに崇拝された。とりわけカーリーは、その姿かたちの異様なことは他に類を見ず、およそ女神と呼んでよいものか、疑問すら感じさせる。しかし現代においてもなお崇拝を集めている、大女神なのである。死が、生に繋がることの証である。

カーリー

（前略）女神ドゥルガーがチャンダとムンダを将とするアスラの軍と戦っている時、女神の怒りからその額が漆黒に染まり、そこから恐るべき女神カーリーがぬっと現れ出た。その手には剣と羂索、色あざやかな髑髏の杖を持ち、人間の髑髏で作った花輪で身を飾り、虎の皮をまとっていた。その肉はしなびて、口を開いて舌なめずりし、真っ赤な目は窪んでいた。カーリーは敵の軍勢に襲いかかり、アスラたちの軍勢を倒して喰らった。アスラの将チャンダとムンダもカーリーに倒された。（略）続いて女神たちはアスラのラクタビージャと戦った。このアスラの体から一滴の血が大地に落ちると、そこから彼と同じ大きさのアスラが出てくるのであった。そこでドゥルガーはカーリーに、「私が武器で攻撃するから、あなたはアスラの血を飲み干しなさい」と命じた。ドゥルガーは矛でアスラに打ちかかり、カーリーは口で彼の血を受けた。カーリーの口に落ちたアスラの血の滴から、無数のアスラたちが湧き出たが、女神はそれらを貪り、血を飲み干した。（後略）[19]

19　『世界女神大事典』「カーリー」（インド）沖田執筆項目より引用。

アスラを殺戮するカーリー

カーリーは図像において、蛇の腰巻をつけていることがある。蛇は、呑みこむ動物の代表格である。それが腰巻になっているといのは、ノイマンがいうように、子宮の恐ろしい側面を暗示している。[20]

エジプトでは、恐るべき女神はセクメトとして現れる。セクメトはライオンの頭部を持つ女神で、疾病の神であるが同時に病を癒す神でもある。そのセクメトが、太陽神ラーに派遣されて人類を滅ぼしかけた話がある。

セクメトによる人類殲滅

太陽神ラーは、はじめのころ、おのれが創造した宇宙を地上から統治した。彼の治世は一種の黄金時代であった。ラーが若く精力的であったとき、彼の統治は堅固であった。太陽であるラーの毎日の道筋は不変であった。ラーは化粧を終え、朝の星が運んで来る朝食を済ませたのち、ヘリオポリスのベンベンの館から出て、大気のシューを伴って、おのれの王国の十二の洲（日中の時間）を威厳を持って進んだ。時に彼の入念な視察は人民にとって弾圧的となり、人民は反乱を起こすこともあったが、強力な王に対して彼らは弱かった。ある時、蛇のアペプはラー

20　エリッヒ・ノイマン著、福島章、町沢静夫、大平健、渡辺寛美、矢野昌史訳、『グレート・マザー』ナツメ社、1982年、172頁。

の敵と共謀し、太陽が昇る時に彼を殺すことにした。しかし一日中続いた戦いによって制圧された。

しかしながら、ラーは年老いていくにつれて、力が弱くなった。彼は自制心をなくし、口から涎をたらした老人となった。人々はラーの老衰を知り、反乱を企てた。ラーは人々を服従させるために、彼の眼に女神ハトホルの姿を取らせて派遣した。ハトホルはセクメトに化身し、人間たちの大殺戮を行った。やがて人間への懲罰を十分に果たして、これ以上続けると地上に生きるものがいなくなると判断したラーは、セクメトが寝ている間に、急いで血液に似た赤色の色素を混ぜたビールを、人間たちの隠れ家の近くに撒き散らした。目覚めたセクメトは、ビールを人間の血と見誤って酩酊するまで飲み続け、殺戮を止めた。ラーは勝利したものの、戦いのために疲れと痛みを感じ、世界から引退することを望んだ。彼は牝牛であるヌトの背に乗り、ヌトは彼を天まで揚げた。他の神々は彼女の腹にしがみつき、星となった。こうして、天と地、神々と人間は引き離され、今日のような世界ができあがった。[21]

このようにセクメトは人類を滅ぼしかけた死の女神であるのだが、その一方で「生命の女主

21　ヴェロニカ・イオンズ著、酒井傳六訳『エジプト神話』青土社、1991年、81—83頁を参照した。

人」の形容辞を持ち、癒しの女神でもあるとされる。[22]
またエジプトでは、生と死は、天空女神ヌトの領域でもある。ヌトは死者の魂を体内で再生させ、地上に産み出す役割を担う。太陽神も、ヌトの体内から朝生まれ出て、だんだん歳を取り、ヌトの体内に再び入るときには老人となっている。けれども次の朝にはまた若返って生まれてくる。
ヌトが魂の再生の場であるならば、魂の死の場は、エジプトでは怪物のアメミトである。エジプトの有名な死者の審判において、死者の心臓と正義の女神マアトの羽根が秤にかけられ、釣り合わなければ死者の心臓はそこに控えている合成怪物のアメミトに食べられる。アメミトの姿は、乳房を持つ女の怪物である。このアメミトによる魂の消滅を、古代エジプトの人々は「第二の死」として非常に恐れた。
カナンの神話では、バアルの姉妹神にして妃神のアナトが、傲慢で貪欲な戦闘女神とされる。人々を殺戮し、死者の頭やもぎ取られた手足を腰にぶら下げ、歓喜の叫びをあげながら血の海に腰を浸して歩き回るのだという。[23]

22 『世界女神大事典』「セクメト」（エジプト）参照。
23 『世界女神大事典』「アナト」（メソポタミア）参照。

ガイア

最後に取り上げたいのが、ギリシャの大地女神、ガイアである。

ガイアの誕生と彼女の子供たちについての一連の神話を紹介しよう。[24]

怪物の息子たち

混沌の淵カオスから、ガイア（大地）、タルタロス（地底の暗黒界）、エロス（愛）が生まれた。そのあとカオスから、エレボス（闇）とニュクス（夜）が生まれた。ニュクスとエレボスが結婚し、アイテル（天上の清らかな光）と、ヘメラ（昼）を産んだ。

大地のガイアは、自分ひとりの力でウラノス（天）と山々と海を産んでから、息子のウラノスと結婚して男女六人ずつ合わせて一二人の、ティタンと呼ばれる神々を産んだ。ガイアはまた、キュクロプスという三つ子の怪物と、やはり三つ子のヘカトンケイルという怪物を産んだ。キュクロプスは額の真ん中に丸い眼を一つだけ持つ巨人で、ヘカトンケイルは五〇の頭と百本の怪力の腕を持っていた。

24　ヘシオドス『神統記』岩波文庫、1984年、21—110頁、及び、アポロドーロス、高津春繁訳『ギリシア神話』岩波文庫、1953年、29—31頁を参照した。

ウラノスとクロノス（父子の争い1）

この怪物の子どもたちを、父のウラノスは、ガイアの腹の中に戻してしまった。激怒したガイアは、アダマスという鋼鉄よりも頑丈な金属でぎざぎざの刃がついた大鎌を作った。（アダマスはダイヤモンドの語源である。）そしてそれを使ってウラノスを罰するよう、ティタンたちに命令した。すると兄たちが皆尻込みした中で、末子のクロノスがその役を引き受けた。そしてウラノスがガイアと交合しようとして天から降りて来た時に、ウラノスの男性器を鎌で切り落とし、背後へ投げ捨てた。

アプロディテの誕生

それは海に落ち、海面を漂ううちに、周りに白い泡が湧き出て、その中に美と愛の女神アプロディテが誕生した。その女神の入った泡は、西風ゼピュロスの息吹に送られて、キュプロス島に着いた。すると季節の女神ホライたちが海岸で出迎え、衣裳を着せ美しい飾りを着けて、天上へ連れて行き、神々の仲間入りをさせた。

クロノスとゼウス（父子の争い2）

去勢されたウラノスに代わって、クロノスが天界の王になり、姉の一人のレイアと結婚して、三人の女神と二人の男の神を次々に生んだ。最初に生まれたのは炉の中の火の女神ヘスティア、そのあと大地と農業の神デメテル、神々の女王になるヘラ、冥府の王になるハデス、海の王になるポセイドンが誕生した。

ところがクロノスは、子どもたちを生まれるはしからレイアから取り上げては、自分の腹の中に呑みこんでしまった。息子によって天界の王の地位を奪われる運命にあると、ウラノスとガイアから予言されていたからだった。

それでレイアは、末の息子のゼウスを妊娠し、産まれるときになると、クレタ島に行って分娩し、クロノスには赤子だと偽って産着にくるんだ大岩を呑みこませた。赤子のゼウスは、ガイアが山中の岩屋の奥に隠し、土地の女神のニンフたちに育てさせた。成長するとゼウスは、クロノスに吐き薬を飲ませた。すると彼はまずゼウスの身代わりになった石を、それから子どもたちを、次々に吐き出した。

ゼウスはそれから兄弟と協力して、自分の味方になる神々を、オリュンポス山の頂上に集めた。そしてそこを本拠地として、クロノスやティタンたちと戦ったので、このときから天界に突き出ているその山の山頂が、神々の住処になった。

クロノスたちとの戦いは十年にわたって休みなく続いたが、最後にゼウスはまたガイアの助言を受けて、ガイアの子でウラノスに地下に押し込められたままになっていた怪物のキュクロプスとヘカトンケイルたちを解放して味方につけた。キュクロプスたちは恩返しに、ゼウスには無敵の武器の雷を、ポセイドンには三叉の鉾を、ハデスには被ると姿が見えなくなる兜を造って贈った。またヘカトンケイルたちは、軍勢の先頭に立って、三人あわせて三百本の手で巨岩を摑んでは投げたので、ティタンたちは、雷で打たれたところを、無数の岩の下敷きにされて降参した。そしてゼウスによって地底の暗黒界タルタロスに幽閉された。

ギガントマキア

ところが、ゼウスがティタンたちをタルタロスに封じ込めたことで、ティタンたちの母であるガイアは怒った。そして巨人たちを産み出して、ゼウスとの間に戦争を起こした。ギガントマキアである。巨人たちは神々だけでは倒すことができず、滅ぼすためには人間の力が必要であった。そこでゼウスは人間の英雄ヘラクレスを味方につけて巨人たちを倒した。するとガイアは、今度はタルタロスと交わって恐ろしい怪物のテュポンを産み出した。テュポンは途方もなく巨大で、その頭はどの山よりも高く、一方の手を伸ばすと西に届き、他方の手を伸ばすと東に届いた。肩からは百の竜の頭が生え、腿から下は大蛇がとぐろを巻いた形になっていた。

テュポンが天に昇ってくると、神々は動物に姿を変えてエジプトへ逃げた。ゼウスは遠くから雷霆で攻撃し、近付いては金剛の鎌で打ち、カシオス山で痛手を負ったテュポンと組み合ったが、テュポンはとぐろでゼウスを捕らえ、鎌を奪って手足の腱を切り取り、海を越えてキリキアに彼を運び、ある岩山に押し込めて、腱も熊の皮にくるんでそこに隠し、竜女に番をさせた。しかしヘルメスがアイギパンと共に腱を盗み出して密かにゼウスに返した。それによってゼウスは本来の力を取り戻し、戦車に乗って雷霆を打ちながらテュポンを追跡し、ついにシシリのエトナ山をテュポンに投げつけて、この怪物を倒した。

ガイアは、混沌のカオスから最初に生まれた原初の女神である。そのガイアが自分で生み出した息子のウラノスと結婚し、ティタンたちを産む。ガイアはこの時点で、子供であり夫であるウラノスに愛情を抱いているといえる。しかし怪物の子供たちを腹の中に戻されたことで激怒し、息子のクロノスにウラノスを去勢させる。ガイアは一転して愛情を憎しみに変えたのだ。

次にクロノスが神々の王位につくが、クロノスにはガイアとウラノスから予言が下っていた。息子によって神々の王の地位を奪われるという予言である。ガイアはクロノスの妻レイアに知恵を授けて、ゼウスを無事に養育させることに力を貸すだけでなく、ゼウスがクロノスから王権を奪うためにも助力している。ガイアは息子であるクロノスを愛して王位につけるが、その自らが王位につけた息子を、さらにその息子によって打ち倒させている。ここでも愛憎両方の感情を表している。

最後にガイアは、これまでさまざまに援助してきたゼウスに対しても、怒りを向けて恐ろしい怪物を生み出して戦わせた。ゼウスは一旦敗北を喫したほど苦戦を強いられたが、かろうじて勝利をおさめ、これによってガイアはゼウスの王権を認めることになった。

このようにガイアという原初の女神は、ウラノス、クロノス、ゼウスといった子供や孫たちに愛情を注ぐかと思えば、敵意をむき出しにして戦いを仕掛ける。愛情あふれる母神であると同時に、恐るべき呑みこむ母でもあり、女神の両義性を兼ね備えている。「呑みこむ女」のまさに原像であるのだ。このことは、アイスキュロスの次のひとことの内に約言されている。

「養い育てたうえは、またふたたび種子をお納めになる大地《ガイア》」(『供養する女たち』127)

ここまで、本書では女神や女性の恐るべき側面に光を当てて来たのであるが、最後に、呑みこむ女神の代表格であるガイアの一連の神話の中に、美と愛と豊穣の女神アプロディテの誕生の話もあることに注目しておきたい。この神話は「はじめに」で触れたボッティチェリの「ヴィーナスの誕生」の題材となった話だ。女神は怖い存在だ。しかしそれでもやはり、その美しさ、優しさによって人々の心の拠り所ともなる。それもまた女神なのだ。

われわれ人間は皆、女神の大いなる暗闇から生まれ、女神の放つ光の中で生き、そしてまた女神の闇に還る――。

終章

本書を執筆中の二〇一六年一二月二三日、埼玉の吉見百穴を見に行った。古墳期に作られたとされる横穴墓群である。一目見て、異様な雰囲気を感じた。岩肌に無数の穴、それが全て墓なのだ。穴の大きさはまちまちだが、大体直径一メートル程度で、内部はもう少し広くなっている。

中に入れる横穴もあったので、入ってみた。身をかがめて中に潜り込む。確かに中は少し広い。上を見上げると、天井が半球状に

なっている。左右には台座があり、そこに遺体を納めたものと思われる。ここは、母の子宮だ、と思った。狭い入口、半球状の墓室――これは、人が生まれ、そしてそこに帰っていく、母胎だと。

「母の胎内の暗闇」に帰ることへの恐怖は、人間存在の根源的恐怖である。

人間は、本能で本当の暗闇を知っている。生まれてくる前に、母の胎内で。

そして人は、そこへの回帰を恐れる。それは、「生」以前の存在だから。

しかし恐れるだけなら、恐るべき女神の系譜がこうも長く時代を超えて続くとは思えない。恐怖とともに、別の感情もある。だから人は、怪談を語り、聞き、読み、観る。

――母の胎内の暗闇に、憧れて。

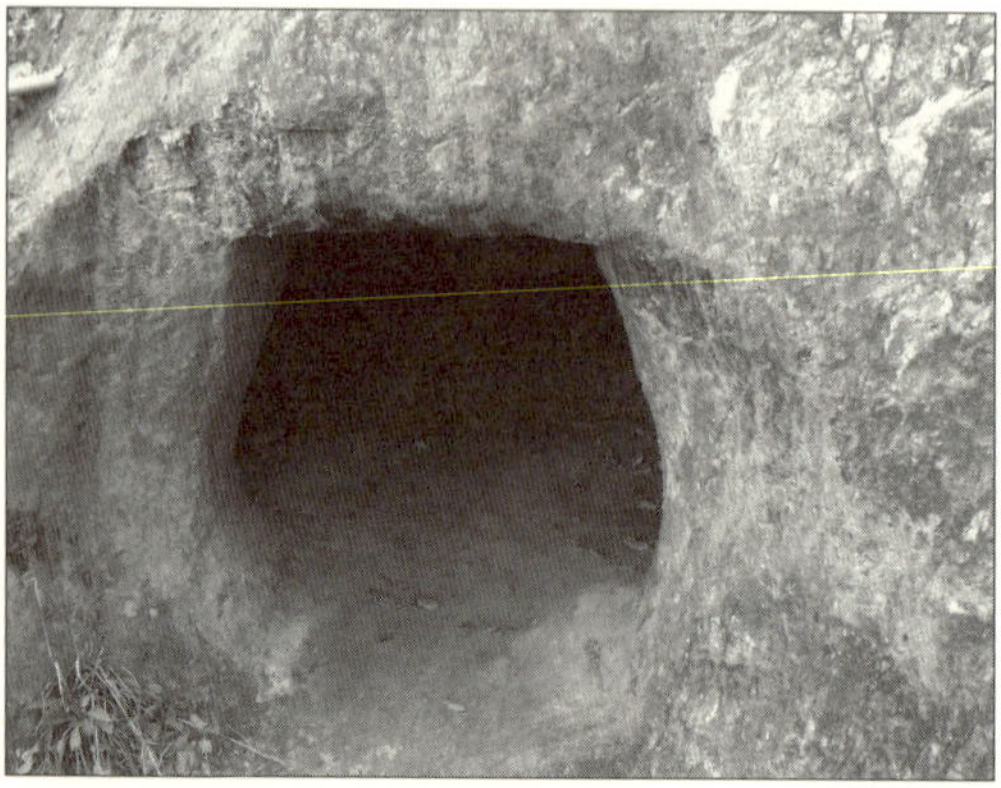

あとがき

本書のテーマが「母の怖さ」である以上、最後に私と母のことを書いておかなければならないと思う。

私の結婚後、数年間にわたり、母とは疎遠であった。小さなことが積み重なって、すれ違っていた。それが変わったのが、皮肉にも母のすい臓がんの宣告の時であった。

すい臓がんが見つかった当初は、まだ手術可能と言われていた。母は大きな手術をすることになった。

母のすい臓がん手術とほぼ同時期に、私も大きな手術をした。

私の方の手術は大成功で健康を完全に取り戻したが、母の方は、肝臓転移のため手術できず、開いて閉じただけになった。治療は抗がん剤に移った。

しかし母は抗がん剤治療を途中で中止し、ホスピスに入った。それから数か月という短い間ではあったが、私は母との時間を取り戻すかのように毎日電話をし、いろいろ語り合った。

やがてホスピスから、残された時間は一週間ほどとの通告があった。母の強い希望で、私は最期の時まで、母に寄り添うことに決めた。仕事は長期にわたって休まなければならない。代役はいない。究極の選択であったが、母を選んだ。

がんで死んでいくのは非常な苦痛が伴う。あまりに辛いので、麻酔を打ってもらって母は眠りについた。それを見守る日々が始まった。ほとんどつきっきりで母の眠りを見守った。そんなある時、深く眠っているはずの母が、ふと私をよんだ。

「こっちに来て」

と。

「早く」

とも。

ベッド脇に近づくと、母は力のない腕で、そっと私の頭を抱えて、髪をやさしくなでてくれた。そしてすぐにまた眠りに落ちた。

それから数日後、その時が来た。血圧が急速に下がり、心臓と呼吸が止まった。それを見守りながら、私は母に話しかけていた。「お母さん、そばにいるからね」。その時、もう息を引き取ったはずの母が、「ゴホッ」と言った。返事をしてくれたのだ。私と母の最後の交流は、生死を超えた、と思った。

私が本書を執筆できたのは、母との関係に悩み、まさに呑みこまれようとしながらも、母の死という究極の局面で関係を取り戻し、すべての確執が浄化されたからだ。そして母は、死を目前にしながら、母の愛を示してくれた。

七〇歳であった。現代日本においてはまだまだ短い一生であったが、母は、見事に生きて、生き切った人だった。

本書はだから、私が一人で書いたのではないと思っている。呑みこむ母と、そして死という大きなテーマを扱うことができたのは、私が母を通じてその二つを乗り越えたからだ。

沖田瑞穂

二〇一七年一二月

謝辞

私の師、吉田敦彦先生。先生に憧れて学習院大学大学院に進学し、先生の教えを受けることができたことは、一生の幸運であると思っている。そして先生のように神話の本を書きたいという願いが、このような形で叶った。先生のご著書をはじめて読んで、「こういう本を書く人になりたい」と思った中学生の私に伝えたい。夢は叶うのだと。現在に至るまで先生の存在は私の心の大いなる支えである。

本書の実現に欠かすことのできないお力添えをくださった松村一男先生。原書房より刊行された『世界女神大事典』の企画段階で、「ホラーの女神」という突拍子もないようなアイデアを出した時、事典の形では無理だが、面白そうだからとおっしゃって、編集の大西さんに話を回してくれた。この一件がなければ、本書のアイデアは闇に沈んでいただろう。深謝申し上げる。

学部時代からお世話になっている定方晟先生。拙論をお送りすると、いつもすぐに丁寧なご感想を書かれたお手紙をくださるのが、なにより嬉しく励みになっている。

大学院時代から常に暖かく研究を応援してくれている森雅子先生。第二の母のようにお慕い申し上げている。

「比較神話研究組織」を通じてお世話になっている篠田知和基先生。先生の会は、なくてはならない私の心からの「居場所」となっている。

中央大学の渡邉浩司先生。人文科学研究所の「英雄詩とは何か」のチームで二期一〇年にわたってお世話になった。先生のご論文と対話には、いつも新鮮な刺激をいただいている。「神話学研究会」を主宰されている木村武史先生と山田仁史先生。この生まれたばかりの会も、私の大切な居場所である。

ホラー友でネコ友の翻訳家・村上彩先生。先生に教えていただいた良質なホラー情報は本書のあちこちに反映されている。

非常勤で教えに行っている、白百合女子大学、中央大学、日本女子大学の二〇一六年度の学生さんたちには、本書の構想をお話しして、情報提供にご協力いただいた。若い学生さんたちの「生きた」怪談情報を反映させていただいた。

筆者はツイッターの愛用者であるが、フォロワーの eu さんには「呪怨」の解釈に関して、Sさんには「リング」の解釈に関して、それぞれ有益なご意見をいただいた。

私事となるが、増えゆく一方のホラー本に（それほど）文句も言わず筆者の研究を支えてくれる夫の和之と、いつも電話で相談にのってくれる父。

最後になったが、本書にとってなくてはならない、原書房編集部の大西奈己さん。本書のアイデアを早い段階で拾い上げ、企画を通し、ともに構成を練り上げ、完成まで多くのご助力をいただいた。深謝申し上げる。

装画　樫木知子《ブーゲンビリアのサンドレス》2010 年
© Tomoko Kashiki
Courtesy of Ota Fine Arts
装幀　原田恵都子（Harada + Harada）

沖田瑞穂（おきた　みずほ）

1977年生まれ。学習院大学大学院人文科学研究科日本語日本文学専攻博士後期課程修了。博士（日本語日本文学）。現在、中央大学、日本女子大学、等非常勤講師。専攻はインド神話、比較神話。著書に『マハーバーラタの神話学』（弘文堂）、共編著に『世界女神大事典』（原書房）などがある。

怖《こわ》い女《おんな》
怪談《かいだん》、ホラー、都市伝説《としでんせつ》の女《おんな》の神話学《しんわがく》

2018年 2月3日　第1刷
2018年10月1日　第2刷

著者　沖田瑞穂《おきたみずほ》

発行者　成瀬雅人
発行所　株式会社原書房
〒160-0022 東京都新宿区新宿 1-25-13
電話・代表　03(3354)0685
http://www.harashobo.co.jp/
振替・00150-6-151594
印刷　新灯印刷株式会社
製本　東京美術紙工協業組合

ISBN 978-4-562-05472-5　printed in Japan